贝克知识丛书

GESCHICHTE DER SCHRIFT

文字史

Harald Haarmann

[德]哈拉尔德·哈尔曼 著

励洁丹 译

上海三联书店

目 录

文字书写技术和符号的世界

　　1880 年，卡尔·福尔曼的著作《图解文字史》出版，他的这部作品是该领域内的首部通史，并在当时的学术圈受到了关注。在那时，文字史并不是独立的研究领域，语言科学研究关注的是相关语的历史重构，而不是书面语言文字的发展过程。事实上，文字是人类创造的一种技术，其目的是保存信息以便再度使用，但当时的人们却没有认识到这一点。

　　福尔曼对文字起源的假设提出了独到的看法，他认为日耳曼的卢恩文是人类最早使用的文字，而且还用了大量笔墨对卢恩文、苏美尔楔形文字以及埃及象形文字的外形进行了比较。由于福尔曼并不了解苏美尔文字和埃及文字的早期发展情况，而且当时的考古学还没有找到什么可靠的方法来确定古老文物的历史年代，在那时，他的这一系列比较看起来似乎还是很有说服力的。福尔曼提出卢恩文具有悠久的历史，这一假设完全符合当时欧洲人的世界观和殖民主义的权力主张，彼时，在他们的意识中，只有欧洲文明才是具有传播性的。

尽管随着人们在不断获得新的认识——尤其是精确地确定了发掘出来的古老文字所属的历史年代后——福尔曼的观点早已经过时了，但他的这些说法还是具有深刻的影响力，直到如今还有许多业余历史学家和文字研究者在孜孜不倦地对卢恩文和其余古代世界早期的语言文字进行比较。和在美索不达米亚或埃及地区发现的最古老文字相比，卢恩文的出现要晚上几千年，这一点是众所周知的。美索不达米亚地区的考古发掘不断地揭示出古代近东地区文明的悠久历史，几十年来，文字研究就深受这些考古发现的影响。随着对古代苏美尔文明和阿卡德文明的不断了解，自20世纪40年代以来，"光明来自东方"成了主导文化历史研究的关键词。按照这种说法，人类文明的摇篮就在美索不达米亚，而欧洲地区高度发达的古代文明在诞生的过程中也受到了它的影响。

直到如今，关于人类最古老的文字诞生在美索不达米亚的传说依旧广为流传：这就是古老的苏美尔文字体系，使用的是象形文字符号。事实上，最古老的、看起来毫不引人注意的陶板就是来自约公元前3200年的美索不达米亚，上面记录的是货物清单和账目收据。

但在最近几十年间出土的文物里，人们发现了来自埃及和欧洲的历史更为久远的文字。追寻着这些古老文字的遗迹，文字研究也随之走上了不同的道路。

20世纪70年代，人们为欧洲史前历史编撰了新的文化年表。很早以前，人们就知道可以根据碳–14年代测定法(放射性碳定年法)来测定年代，但年代越是久远，测定出来的数据就越不精确。如果是针对公元前1000年前的历史，就需要再根据树木年代学（也就是树轮定年）来确定并校正放射性碳测定出来的年代数据。以通过这种方式确定下来的具体年代数据为基础，人们编写了新的欧洲文化年表，尽管该年表并不绝对精确，但还是得到了考古学家和历史学家的普遍认同。

根据碳–14年代测定法的测定，欧洲史前时期似乎集中在若干世纪，但却向前延伸了好几千年。正是基于新的定年结论，考古学上的发现也迈入了全新的欧洲文化年表，其中就包括多瑙河谷文明中出土的写有文字的文物，直到不久之前，人们还无法完全确定这些文物的具体年代。考古发现欧洲最古老的文字记录源自约公元前5300年，也就是比在美索不达米亚发掘出来的最古老的文字记录拥有更加久远的历史。

除了欧洲的文化年表改革之外，在埃及发现的早王朝时期的文字记录也同样值得关注。从20世纪80年代初期，该地区的文物发掘就集中在了早王朝时期的诸王坟墓上（阿拜多斯的王墓）。经考古研究确定，这些王墓建造的年代应该是在公元前3320年到前3150年间，也就是埃及被分裂成上埃及和下埃及时期。在储物器皿的泥封上，我们发现了埃及最古老的文字符号，这要比古苏美尔人使用的文字更加古老。

由此，现代文字研究的视角就不再秉持原来的"光明来自东方"的论点，正好相反，这些研究认为文字首先出现在西方（"光明来自西方"），而且是出现在"石器时代消失的文明中"（参考 *Rudgley 1998*：第68页及以下诸页）。但需要明确的一点是，文化史上的这一转向并不是欧洲中心论这一时代精神的复苏——在殖民主义时期，福尔曼的观点就深受该精神的影响。欧洲拥有更古老的文明，这一事实并没有贬低美索不达米亚和埃及古文明的成就。欧洲文化的发展，包括其文字史，都受到过来自非洲和亚洲的种种影响。新的文化年表只能说明这些影响发生在后期，也就是欧洲人忙于进行自身文明转型的时期。

在人类文明进化史上，文字的使用是信息存储和数据再度使用过程中的一次真正改革。人类的记忆力所拥有的存储能力是相当有限的，即使存在个别人记忆力超群的特殊情况，但这一观点仍具有普遍适用性。比如在西非，有一些擅长口述的专家就能背诵出长达几百年的家族史；又或者在卡累利阿吟游诗人中如今仍旧得到了局部保留的叙述艺术，这些诗人能够背诵芬兰民族史诗《卡勒瓦拉》中的几千段诗行。

第一章
没有文字的文明和对记忆力的挑战

在如今的时代，我们所处的世界相关的知识 ——
就和几百年前一样 —— 都是在和"文字"这一技术的
紧密关联中才得以积累的。尽管其中的大部分信息都存
储在数据库中且被数字化了，但在这些数据被再次调用
时，依旧会被转换成文字的形式，以便人们使用。可见，
在我们所处的数字化时代，文字的主要功能不再只是存
储信息，但为了让保存起来的数字化信息能为人所用，
文字依旧是一种不可或缺的媒介，如今我们依旧需要以
此来获得和所处世界相关的知识。

在民众普遍具有识字能力、文盲比例较低的地区，
几乎不需要考虑如果没有文字的话，社会团体该如何采取

其他模式进行运作的问题。但在相对落后的国家，情况就不一样了，在这些地方，识字是社会、经济和政治精英们的特权，而对其余更广大社会阶层中的民众而言，因为生活条件有限，文盲成了一种普遍现象。尽管世界上各个国家和地区民众的识字能力存在着差异，但发达国家的民众普遍都具有识字能力的现状，无疑是文明发展和文字书写体系发展所能实现的最理想愿景。

但直到如今仍旧存在许多不使用文字的文明：在巴西、委内瑞拉和哥伦比亚的热带雨林中，在非洲撒哈拉沙漠以南的干旱地区，在马来西亚的丛林之中，在巴布亚新几内亚人迹罕至的山谷地带，以及在澳洲大陆偏僻且人烟稀少的内陆地区……在现代社会，只有少数一些民族才拥有没有文字的文明，而且他们民族的语言也只有几百或几千人才会说。身处全球化漩涡和被其他文化同化的压力之中，这些少数民族，包括他们的文化，都面临着即将消亡的危险。

但也有一些少数民族的存在，迄今几乎都没有受到任何来自外部的威胁，比如生活在巴布亚新几内亚博萨维地区多山内陆地带的大约 900 名艾托罗人。这些艾托罗人依旧保持着传统的生活方式，同时也向我们这些具有识字能力的人证明，没有文字的文化也是能够正常发展的。尽管艾托罗人也接触到了一些现代文明的产物，比如 T 恤、铁斧、塑料桶和少量可乐罐等，但在热带雨林中的这片居民区，文字和识字能力依旧是毫无意义的。

欧洲人认为这些没有文字的地方是"原始"地区，但在仔细了解之后，我们却不得不承认，要组织起一个村落社会中的生活，而且又没有工业社会中的一些发明和成就作为辅助，是需要诸多技能的。艾托罗人很好地证明了一种拥有几千年悠久历史的文明是如何在和大自然保持和谐共处的情况下依旧能够运作良好至今的。

即使是在最原始的文化中，我们也能找到一种生动的口述传统，它拥有诸多讲述材料和讲述形式。我们会看到一种多层次的视觉象征形态，表现为利用图画叙事符号序列来讲叙内容，比如澳大利亚中部艾尔斯岩洞（乌鲁鲁）中的壁画，亚利桑那的纳瓦霍人用来表现宗教仪式的沙画，南非祖鲁人会使用五颜六色的串珠，这种饰品既能象征佩戴者的社会地位，同时也具有交际功能（比如用串珠制作成"情书"）。

在原始文化中，由于没有文字，为了通过视觉手段确认并再度使用信息，人们发明了诸多令人惊异的方法。在北美印第安人的文化史中，就有不少有趣的记忆术，它们同时交叉使用了视觉手段和口述文本的方式，以便让相关信息能流传下去。在殖民历史上，人们就曾见识过他们的这种记忆术，其中，威廉·佩恩在1682年和德拉华印第安人就购入该地区大片地产——该地区后来因此而被命名为宾夕法尼亚——达成的一份协议，就形象生动地展示了当具有书写文化的世界和使用视觉—口述记忆术的世界相遇时，会出现怎样巨大的文化差异。佩恩用英语起草了一封协议，但这张画着图、描着黑色字母的纸对于那些参与谈判的印第安人来说没有任何意义。为了让自己的后代也能知道缔结合约这件值得纪念的大事，这些德拉华印第安人们用自己的方式制作了一份协议。但对于那些白人来说，他们根本就看不懂印第安人的这份协议，只看到了三条点缀着装饰物的带子。这些具有记忆作用的带子被称为"wampum"（以前印第安人作为货品或饰品的贝壳串珠），这是阿尔冈昆语中的一个单词。这条带子由贝壳串珠和多条编在一起的绳子组成，上面串着五颜六色的椭圆形贝壳。第一条贝壳串珠用编织出来的人物形象交代了和佩恩签订这份协议时参与的谈判双方，而另外两条带子上的几何图形则代表了山川河流。带子上没有使用红色，因为红色象征的是"战争"。使用"wampum"的这种记忆手法非常简单，因此无法将这些图像主题同特定的观点精确结合起来。

但也有一些北美印第安人会使用别的视觉记忆术，他们会用线性的顺序来记录信息，这比贝壳串珠专业很多。奥吉布瓦人和其他一些阿尔冈昆部落中的人们善于使用图片叙述的方式（kekinowin），并以此把线形的图片叙述顺序同链式的观点结合起来。比如德拉瓦人的部族编年史就是如此，从这种"红色记录（Walam Olum）"可以看出，线形图片叙述（kekinowin）的技术是如何运作的。这部流传下来的编年史是记录在五片桦树皮上的，开头便是和创世的神秘故事有关。

"红色记录"中的每一个图像主题所表述的内容都是一系列复杂的观点，从语言上来看，其叙述相当于一个完整的句式。一方面，每一幅图中的信息本身都是完整的，但另一方面，却无法完全明确地把这些图片同语言的表达方式紧密结合起来。人们记诵这些叙述性文本的方式和方法取决于诵读部族编年史的讲述者本人所掌握的记诵艺术。从线形图片的叙述方式可以看出，视觉的记忆方法如果要达到每一幅图片都能对应一种独立观点的阶段——就像人类最早使用文字时遵循词符文字原则一样——还需要经过长期的发展。

有意思的是，我们可以在美洲的一些文明中看到这种发展过程。在前哥伦布时期的中美洲，我们可以看到，各地区不同历史阶段多种多样的记忆术构成了一个连续发展的统一体。这些历史阶段先后包括图像手段（比如在阿兹特克人的书卷里），由象形文字和词符文字组合而成的记忆方式（比如在米斯特克人的书卷中），还包括奥尔梅克人在石碑上雕刻的词符文字，以及玛雅人在日历石和由象形文字组成的篇章中所使用的词符文字和表音文字（见第三章）。

在人类通过尝试各种方法使用视觉记忆术的早期发展阶段，除了出现在连贯叙述过程中的象征性记号之外，符号也起到了相当重要的作用，这些符号可以用来标记数字概念。系统性地使用刻有符号的石块（英语名为"tokens"，即记号）的这一做法就形象地展现了在文字出现以前符号的使用方式，从公元前 8 世纪到公元前 4 世纪，远东地区的各民族在货物交易过程中都会使用这种刻有符号的石块，并将之作为货物清单和交易"收据"。一开始，这些石块都是圆锥形的，它们代表着货物的数量，商人们会把这些石块封存进一个陶土球（bullae）里面。在货物被运送到买主处之后，由买方打开这些陶土球，以此来检查交易物的数量（比如绵羊或装有谷物的容器）。到了后期，人们在使用这些刻有符号的石块时，会把数量和物品名称直接刻到货物清单的外侧表面。

用记号来代表数字和货物，这在美索不达米亚地区的货物交易中是非常普遍的，在这一系列记号中，有约30个被吸纳进了古苏美尔文字之中，并以此作为数字符号和象形文字。早在苏美尔人最初使用文字的时候（发掘出来的来自乌鲁克第三和第四王朝时期的陶板），他们就已经拥有了不少于770个不同的符号。考虑到古苏美尔象形文字的数量之大，而这些源自刻有符号的石块且年代更为古老的符号已经失传了许多，可以看出，它们在苏美尔象形文字中所占的比例是相当之少了。

第二章

谁在何时、何地、为何开始写字?

如果我们认为，文字的使用大大地增加了人类存储知识的可能性，同时，文明的高度发展还取决于这种信息技术的运用，那么就产生了一个问题：最初是谁，从何时开始，从这种技术中获得了利益?

一、谁最先拥有文字，谁把控着知识?

在古希腊罗马时期的文明中，使用文字时所需的生态条件完全不同于近代。如今，我们已经习惯于新的信息技术不断拓宽自身应用领域以影响更多民众的现状。而正是获得广泛影响力这一点，在古希腊罗马时期却是最不重要的。无论是在哪一种古代文明之中，文字的使用都不是为了改善信息流通渠道或提升广大民众的教育水平。

在所有远古文明中，都只有精英阶层才会使用文字，因为文字是专门的人群出于特殊目的才使用的。传统的文字研究表明，文字的使用是为了服务于国家机构的运作，因为按照传统的观点，古代文明的发源和强权政治中心的巩固之间有着因果关系，同时也和各地区社会团体所具备的早期国家形态有着密切关系。事实上，古代近东地区文明的发展就是这种情况。

人们曾经认为，美索不达米亚文明及其早期国家形态是旧大陆中各种文明机制——包括文字——的雏形，但如今，这样的观点已经过时了。新的考古学以及文化历史学研究表明曾有使用文字的早期社会存在，而且这些社会中并不存在任何国家机制，同时我们也认识到，国家机制在早期文明的形成过程中并没有起到我们长期以来所认为的决定性作用。

在欧洲东南部，也就是在多瑙河古文明遗址上，考古学家并没有发现任何曾有国家形态或社会等级秩序存在的迹象。不过和其余拥有早期文明的地区一样，在多瑙河及其支流沿岸可能存在过一些机制：拥有城市般规模的大型居民区，颇具规模的农业水平和粮食储存状况，分工多样的手工业、金属加工业，以及一系列不同的文化符号。

公元前6世纪，欧洲东南部出现了一种文明，而承载该文明的主体则是一种集体形态，在这样一个集体中，无论是男性还是女性，其社会地位都不是按等级划分的，而是平等的（平等的团体）。在该社会团体中，起主导作用的并不是那些社会精英，而是拥有共同利益的人们，他们会共同推动这样一种农业公社不断发展，而且该大型居住地已经具备了城市化特征，这在它的发展过程中也起到了重要影响。同时，这样的社会还拥有一个重要的媒介，如果没有它，这种高度发达的文明就无法得以运作，该媒介便是文字。

而在世界上的其他地区，当时还不存在任何可与之比拟的文明。在美索不达米亚，第一批拥有城市特征的人口密集地（萨迈拉）应该是在公元前5世纪才产生的，而苏美尔的各个城市国家直到公元前4世纪才开始繁荣起来的。为什么东南欧拥有更加有利的条件来促使文明的诞生呢？为什么"文明之光"首先在西方升起呢（"光明来自西方"）？

旧大陆的每一种文明都有着自身的发展活力，而这种活力又取决于多种因素。不过还是有一些特殊状况可以表明为何东南欧会早于其他任何地方先拥有文明机制。其中一个被地质学家认为发生在公元前 6700 年前后的偶然事件显然就从根本上改变了黑海西部的地区：在最后一次冰期结束之后，由于气温升高，堆叠了几千年的巨大冰川融化，以致海平面不断上升，包括地中海东部的海平面也在上升。当时在地中海以及后来的黑海 —— 黑海彼时还是内海 —— 之间是有一座陆桥的。气候变化带来了短时期内的气温上升，达达尼尔海峡的水位达到了最高点，于是，陆桥就断掉了 —— 很有可能是因为一次地震。当时大量的海水和泥浆灌入了这座内海，由于水位相差七十多米，汹涌而来的洪水在接下来的几年间不断地穿过海峡，临近的俄罗斯南部平原中一大片地区洪水泛滥。在此次自然灾害爆发之前，黑海周边，包括在黑海的西北和北部沿岸，都遍布着新石器时代农民们的聚居区，但此时，他们不得不撤离这片区域，流亡的农民主要逃到了东南欧，来到了多瑙河谷，而后期该区域的考古遗迹也因此显示出了剧烈的变化。

大约公元前 6500 年左右，也就是在大洪水之后不久，多瑙河谷地区出现了许多新的聚居地，同时，该地区原聚居地的范围也得到了扩大。显然，来自黑海地区的人们正在非常积极地开拓新的居住地，同时再造了农业生活方式所需的基础设施。基于这集体欣欣向荣的景象，几百年之后，该水路——其水域网络遍布整个东南欧——沿岸出现了世界上最古老的文明。

这个早期文明就是所谓的多瑙河谷文明或古欧洲文明，其中最引人注意的便是这个文明所拥有的各种形态的宗教符号。考古发现的这些符号主要出现在古代祭祀场所内的祭坛和祭品上，以及墓地中用来还愿献祭的陪葬品和诸多雕像上，许多雕像和祭品上都装饰着各种几何形状的图案。有一些物品上雕刻着一系列的符号，从它不对称的特点不难辨识出，这些完全不同于装饰花纹的符号都是铭文。

二、古欧洲和古中国所用铭文所包含的宗教功能

20世纪末，人们就已经在古欧洲文物挖掘地发现了刻有文字的物品。但由于当时的研究者们关注的只有在美索不达米亚发现的古老文字，同时也因为缺乏可靠的文化年表，便无法顺利地辨识出在欧洲出土的早期文字。如今，许多研究都已经证实了在东南欧发现的这些

文字具有久远的历史，它出现在大约公元前5500年，而当中最古老的文字序列则出现在特兰西瓦尼亚（位于罗马尼亚）的特尔特里亚出土的陶片上，可以确定，这些陶片源自公元前5300年左右。

对于特尔特里亚陶片上的文字在文化上可能具备的影响范围，人们对此进行了一系列颇具想象力的研究，有些研究者还试图将它同古代近东地区的文字联系起来。在20世纪六七十年代，有学者还认为特尔特里亚陶片同苏美尔人有着直接的关联，他们甚至推测当时的特兰西瓦尼亚地区有一块苏美尔人的殖民地，还假设这里曾受到过苏美尔文化的影响（文字输出），认为曾有来自苏美尔的勘探者在此区域附近开采铜矿。

如今看来，这种针对美索不达米亚文明的讨论完全是多余的，因为在古欧洲历史悠久的文明和苏美尔相对年轻的文明之间存在着一定的时间差，现在已经是众所周知的了。值得我们关注的应该是这样的问题：古代欧洲的文字体系本身是否曾对苏美尔文明产生了一定的影响，以及这种影响是否意味着古代东西方曾有文化交流这样的具体背景，这些才是如今值得讨论的话题。

在温卡文明及其周边地区出土的物品上，人们发现了一系列古欧洲的铭文，特尔特里亚陶片上的文字就是其中的一部分。其中大部分的文字源自公元前 4500 年到前 4000 年期间，且刻有文字的物品是在温卡文明中超过 35 个聚居地内发掘出土的。这些文物分布得非常分散，这也证明，当时的书写技术并不仅局限在某一地区，也就是并非单一的现象。文字首先出现在古代欧洲北部的文明中，随后慢慢地被推广到南部。最近的铭文是在希腊北部地区出土的，大约在公元前 3200 年。

在刻有文字的物品中，最引人注意的是一类物品，就是由陶土制成的雕像，尤其是出土于温卡文明发掘地的雕像，其中大部分雕像都拥有女性特征。女性小雕像是用来作为还愿献祭的祭品的（供奉在神殿中，以及作为陪葬品），同时也是母权社会中的身份象征（女性在家庭内所拥有的地位），在早期农业社会的祭祀文化中，占主导地位的是女性神祇。

刻有文字的物品，尤其是女性小雕像所具备的文化意蕴表明，在古代欧洲，文字主要和宗教生活有关，我们在祭品上发现的铭文可能都是献祭铭文或宗教仪式用语。在古代欧洲历史上，文字所具备的主要功能都是和宗教有关的，无论是在祭祀场所的宗教仪式上，还是家庭内部用于献祭的物品上 —— 后者所使用的刻有文字的物品中还包含纺锤。

纺锤是一种纺织工具，而在世界上的大部分（甚至所有）文明中，这种手工活都是由女性负责的。在许多文化中，尤其是在东南欧，有专门的女性神祇作为守护神来庇佑纺织这门手艺。从希腊神话中可以看到，人们会把纺织手艺同赫拉、阿弗洛狄忒、雅典娜、阿尔忒弥斯等女神联系起来。按照传说，雅典娜教会了世间女性纺织的手艺。在雅典卫城，每年举办泛雅典娜节时，人们都会织一件绣袍披在雅典娜像上，而到了适婚年龄的女子则会把纺织物以及纺织工具作为祭品摆放在阿尔忒弥斯神殿中。在古希腊，人们会在纺锤上刻上文字，而更加古老的欧洲人应该也和希腊人一样，把文字刻到纺锤上献给纺织女神以作祈愿。

　　在古代欧洲，文字是一种具有宗教色彩的媒介，文字的使用同宗教行为、宗教仪式都有着紧密的关联。文字被用来存储信息的功能只体现在一点上，也就是把宗教仪式用语以献祭铭文的形式记录下来，而且是记录在雕像和祭品上。文字是神职人员等特殊人士才会使用的手段，这些人的职责便是确保宗教仪式能够得到遵守和明确的执行。

　　古代中国的情况也与古代欧洲的类似。在文字应用的早期阶段 —— 商朝后期以及西周，普通人都不会使用文字。"文字"只用于进行占卜，而使用者也只有君王和贵族。文字是一种有着很强影响力的媒介，人们用它来预知未来，探查命运之吉凶，该媒介要比口语的影响力更大。从那时候开始，中国人就认为文字是非常神秘的，它在实际运用中的功能——这一点不同于欧洲人——不仅局限于唯一目的上。直到现在，在中国人的文化记忆中，文字依旧拥有神奇的能力。

三、古欧洲—古爱琴海的书写文化

早在旧石器时代开始，尤其是到了新石器时代，在巴尔干地区宗教雕像的装饰花纹和象征符号中就已经出现了大量抽象、几何的题材。各种各样的抽象题材内容繁多，其中有一部分被后期古欧洲的文字沿用。古多瑙河谷文明中的文字书写技术在其发展过程中和当时的宗教圣像题材有着密不可分的联系，从视觉上对两者加以比照就能清楚地看到这一点。

古代欧洲的文化符号和文字符号均具有高度的抽象性，因此，也就产生了一个问题：这些题材都是从何而来？通常，我们定然会去寻找某种自然主义的原型，抽象题材就是对这些原型的不断凝练，但按照符号理论的最新研究，这种尝试是毫无必要的，因为人类在最初开始符号行为时，就已经具备了一种思维能力，既能使用自然主义的题材，也能运用抽象题材。我们在古老的岩画上就能看到这种二元性，而这种从双重角度运用符号的做法也一直延续到了现在。古代欧洲遗留下来的宝贵文化符号也同样具备这种二元特征，也就是结合了具象题材和抽象题材，值得注意的是，这当中犹以抽象性为先。

在多瑙河谷文明发展的过程中，是否可能存在这样一种长期的趋势，也就是其文字符号所具备的特征持续影响到了之后各时代的抽象几何符号，比如影响到了米诺斯王朝时期的克里特岛、迈锡尼文明以及古希腊时期？古希腊的花瓶绘画以及科学（几何学）体现出了对抽象性和对称性的敏锐鉴赏力，那么，这是不是就是源自人类早期发展阶段的思维映像呢，也就是几千年来在东南欧人民身上流传下来的文化记忆？很多研究已经表明，新石器时代的多瑙河谷文明对之后的东南欧、爱琴海地区，包括古希腊时期诸多文明的发展均产生了深远影响。

许多具体事例证明，古欧洲文化遗产的后续影响力持续了好几千年，而且延续到了多瑙河谷文明终结之后，直到公元前3500年前后印欧人入侵欧洲东南部，受其文明的同化之后，这种影响力才渐渐消失，古欧洲文明便开始朝东南方向转移，从希腊本土转移到了爱琴海群岛。而原有符号中的核心要素则开始影响原文化圈的边缘区域，很多抽象符号则在早期希腊本土艺术的装饰性题材中得以保留。

古老的文化传统也同样在爱琴海群岛得到了延续。人们依旧相信古欧洲的女神，但其形象开始变得更加多样化。在古代克里特岛米诺斯人的文化中，万能女神的神圣符号性是很具辨识度的，在迈锡尼人心目中，女神拥有崇高的地位，而在古希腊万神庙中，古代女神身上的典型特征则体现在了一些"强大的女性神祇"形象上，比如德墨忒尔、赫拉、阿尔忒弥斯、雅典娜、阿弗洛狄忒。

公元前3200年前后，巴尔干地区文化圈中使用的文字开始消失，但不久之后（约公元前2500年），这些文字又在古老的克里特岛和基克拉迪群岛（在泰拉岛上）复活了。古代欧洲传统的线形文字和古老的克里特文字系统中使用的线形文字A是对应的，后者是一种使用语素文字的音节文字，最新的研究已经证实了后期的线形文字A和古欧洲文字之间的密切关系。线形文字A中将近一半的符号都可以追溯到更古老的文字符号形式。

在克里特岛上，当时同时还出现了另一种独立的文字类型，这是一种象形文字，在碑文上有两种变体，其中的一部分符号形式显然受到了古老的线形文字 A 的影响。因此，在古克里特文明中，这种象形文字并不完全是孤立的。无论是线形文字 A，还是此种象形文字，都被用于宗教文本上（比如祭品上的献词），同时，宫廷官僚机构也会使用这些文字（比如双耳陶罐上的图章字样，有关货物交付的账目记录）。

在克里特文明的象形文字中，最著名的可能是与米诺斯文明相关的文物，即费斯托斯圆盘上以螺旋状排布的文字符号（插图 1）。费斯托斯圆盘是一块陶片，其两面都刻有文字，而文字排列的顺序则是螺旋状的。这块圆盘是在位于克里特岛南部的费斯托斯宫殿中发现的，考古学家确定其年代为公元前 1700 年前后。而这些螺旋状排布的文字中最特殊之处则在于制作此文本的技术：这是文化史上最古老的活字印刷品。这些象形文字符号都是用印模压印在软泥盘上的，随后，这片泥盘被烤干、变硬。这就意味着，写圆盘的人在制作过程中会为了印下每一个单独的符号而分别使用单独的印模。

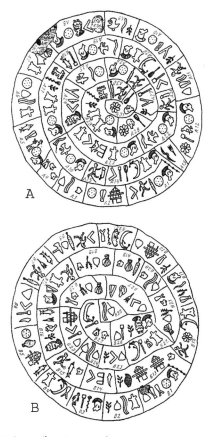

插图 1：费斯托斯圆盘，约公元前 1700 年

圆盘上的文字至今尚未被破译，但通过对内容的内部重构，并把这些文字同米诺斯文明中的文字题材进行比较，可以发现这些文字和宗教仪式相关，跟湿壁画上的文字是一样的——类似于阿基亚特里亚达修道院内石棺上雕刻的符号。以此类推，圆盘上的文字应该是和葬礼有关，而且这种葬礼还伴随着献祭行为。在文字重构的过程中，还发现了和米诺斯祖先崇拜习俗相关的诸多要素。

　　米诺斯文明对地中海东部地区产生了深远影响，其中也包括塞浦路斯。当时的商品货物无法直接从克里特岛运输到塞浦路斯，很可能都需要在叙利亚海岸的港口城市乌加里特进行转运。除了来自米诺斯的货物，还有一种特殊的文化财富也被传递给了塞浦路斯人民，那就是古克里特文明中的线形文字。公元前 1500 年左右，塞浦路斯地区出现了本土文字体系，它使用的是塞浦路斯—米诺斯文字。而从早期塞浦路斯文字中则衍生出了一种当地独特的文字类型，人们在乌加里特，而不是塞浦路斯，发现了用这种文字写成的文本，这种文字变体被称为莱万托－米诺斯。塞浦路斯后来还出现了另一种文字，它留存在世的时间要比早期的文字类型更长，这就是塞浦路斯音节文字。记录有这种文字的最早文物源自公元前 11 世纪。到公元前 4 世纪时，塞浦路斯音节文字依旧充满了影响力，但在和希腊文字抗衡的过程中已经渐渐失势了。

希腊语早期的文字形式完全受到了公元前 2 世纪上半叶时米诺斯人所掌握的书写技术的影响。在迈锡尼文明时期，生活在本土的希腊人很早就和克里特岛有着密切的生意往来，并从那里获得了货物和其他文化财富。迈锡尼人的宗教仪式和米诺斯人的非常相似，包括在装饰性艺术方面，两者也都有很多的相似之处。因此，在青铜器时代，爱琴海地区存在米诺斯–迈锡尼文明共栖这一说法是完全合理的。

在不久之前，考古界还认为迈锡尼人在掌控了克里特岛北部的政权之后，在自己的语言中融入了米诺斯人的线形文字（线形文字 A）。随后，人们在希腊本土发现了刻有线形文字 B 的物品，而这是在迈锡尼人占领克里特岛之前所使用的文字。不久之前才为人所知的最古老的迈锡尼–希腊铭文来自奥林匹亚这一神圣地区，且被认为是出自约公元前 1650 年。这就意味着，迈锡尼人在很早之前就已经在希腊本土地区使用了线形文字 A，而当时通用的则是线形文字 B，但迈锡尼人侵入克里特岛则是在公元前 1600 年左右。

在克里特岛上，人们所使用的文字和当地宫廷官僚机构中使用的文字一致，至少从保留下来的文字记录（克诺索斯和哈尼亚陶片上的记录）来看是如此，包括在迈锡尼文明的中心地区（迈锡尼、梯林斯、皮洛斯、底比斯）也发现了和宫廷官僚机构有关的记录。此外，还有一些文本是和宗教祭祀内容有关的，不久之前，人们还在底比斯发现了一首叙事诗的残篇，从辨识出来的名字判断，这应该是和德墨忒尔有关的神话雏形。

和后来的字母文字相比，希腊语使用了线形文字 B 这样的音节文字，其书写方式也就烦冗了许多，在书写中无法完整地表达发音结构，闭音节的辅音以及许多有词形变化的音素也无法被标记出来，但这种再现发音结构时所欠缺的精确性却并没有妨碍线形文字 B 的使用。在几百年间，当时的希腊语都是用它书写的。当希腊人开始接触文字并加工文字时，他们熟悉的也就只有克里特岛上的文字。在一定程度上，除了来自克里特岛的文字之外，他们没有任何其他的选择可能。

线形文字 B 当中的一半符号沿用自线形文字 A，其余符号都是新创造的。米诺斯文字的发音体系和音节结构显然要比迈锡尼 – 希腊文字中的简单许多。在朗读线形文字 B 的音节及其同希腊语单词结合起来的组合词时，就可以清楚地看到这一点。线形文字 B 的符号没有完整地呈现出希腊语的发音，甚至完全没有标记出其中元音的长度，而辅音组合也只有在少数特殊符号中才能得以体现。因此，要用线形文字 B 的音节来书写希腊语这样一门拥有众多辅音组合的语言，是非常不容易的。

公元前 13 世纪，克里特岛上已经没有人使用线形文字 B 了，而在公元前 12 世纪，迈锡尼 – 希腊传统文字也在希腊本土消失了，但早期希腊语中的古老文字并未因此终结。仅仅几十年之后，也就是在爱琴海西部的人们放弃使用线形文字 B 之后，希腊语的传统文字在塞浦路斯得到了沿用。在几百年间，生活在塞浦路斯的希腊流亡者 —— 他们都是在公元前 12 世纪的战乱中从阿卡迪亚逃亡到塞浦路斯的 —— 都是用这种文字来书写自己的故事的。公元前 6 世纪，塞浦路斯也接触到了字母，而塞浦路斯音节文字也因此遇到了强劲的对手。字母要更加现代化，因此，最终得到了人们的广泛接纳。在古希腊时期伊始，已经没有人再继续使用爱琴海地区原有的任何文字体系了，而在字母出现前，欧洲地区历史悠久的古老书写形式也因此终结了。

四、美索不达米亚和埃及文字中的经济功能

在古代近东地区的文明中，即在公元前 4000 年出现首批城市国家的美索不达米亚，人们运用文字的前提条件完全不同于古欧洲。在那儿，推动文明发展的首要条件是强有力的国家机构。在古代近东地区，最典型的便是王权神授和神庙官僚制度，而该制度产生的根源则是早期统治者为了巩固古代苏美尔的权力中心的统治，特别是乌鲁克，也包括后来的乌尔、拉格什等地。鉴于神庙官僚制度的核心影响力，文字为该机制运作而服务这一点也就不足为奇了。在早期，只有神庙行政机构才能使用苏美尔文字，该机构直接从这种新技术中获益，其借助文字组织税收机制，使之成为国家层面上控制臣民的一种有效手段。

包括在埃及，文字最主要的功能也是和行政管理相关的，这从早王朝时期坟墓考古中发现的印章就可以看出来。交给神庙官员的财产被登记了下来，这些都是臣民上缴的实物税，也就是他们的税款。此后，当埃及各个古老的王国被一位统治者——即法老——统一之后，文字的功能得到了延伸，其中也包括体现国家形象这一要务。这也是埃及象形文字中最典型的仪式化功能之源

起，寺庙墙壁、墓穴和石棺上无数装饰华美的典礼碑文都体现了这一点。

五、楔形文字在古代近东、中东和小亚细亚的形成及推广

公元前 2700 年前后，苏美尔人的书写技术产生了彻底变革。几千年来，在苏美尔的一些国家城市里，人们都是用一种独特的象形符号来书写古风时期的文字。美索不达米亚这种最古老的文字类型和公元前 2700 年左右出现的楔形文字在外形上没有太大关联。当人们开始记录长篇文本时，很快就发现这种古老的文字非常不利于书写。于是，改革开始了。原本在书写每个符号时，人们会用尖头笔将之刻在陶土制成的书写板上，但现在，尖头笔被弃用了，人们开始使用一种钝头的书写工具，并用它将楔形的文字印在软书写板，即陶片上。古老的象形符号演变成了楔形，而这种文字因此就被称为楔形文字。

中东地区的人们也很快认识到了这种全新书写技术所具备的革新特征，尽管最古老的楔形文字书写的是苏美尔语，但不久之后，其他民族也开始用其来书

写本民族的语言了。很长时间以来，人们都认为阿卡德人是唯一很早就开始引入楔形文字书写的民族，但在 20 世纪 70 年代，人们通过发掘埃勃拉宫殿的宝库发现，楔形文字早已被推广到了叙利亚地区，当地人在公元前 2500 年左右就已经用它来书写本民族的闪米特语，即埃勃拉语。源自公元前 2500 年到前 1600 年间记录了埃勃拉语篇章的近 6500 块陶片表明，即使是在美索不达米亚文明所及的边缘地区，楔形文字的发展也取得了决定性的成功。

实用的楔形文字替代了原本古老的文字体系。公元前 2500 年左右，在苏美尔附近的埃兰王国，外来的楔形文字代替了当地原有的埃兰语线形文字，这种线形文字可能和苏美尔象形文字出现在同一时期（公元前 3200 年前后）。用楔形文字记录的埃兰语在古代近东地区拥有悠久的历史，直到公元前 331 年，当地民众才停止用楔形文字来书写埃兰语。

楔形文字在时间和空间上体现出了各种差异性，随着其变体的不断增多，楔形文字及其记录的语言本身所具备的社会功能也更为多样化，最值得注意的是，已知最古老的用楔形文字写成的苏美尔语篇章所具备的功能，已经明显不同于更早的古风时期用象形文字记录下来的与经济相关的篇章所具备的实用功能，已知最古老的楔形文字记录源自公元前约 2650 年，这是一篇与宗教仪式相关的碑文，刻在一位已故统治者的雕像上。

楔形文字不久之后就具备了古代高度发达的文明中文字所拥有的全部典型功能。民众除了出于实用目的用楔形文字记录文本之外，在记录私人交易协议或国家办公机构出具证明时，也会使用楔形文字，此外还会用它来创作文学作品或具有宗教内容的作品，学术性的纪实散文也是用楔形文字书写的。用这种文字记录的文本种类繁多——其中包括来自古代近东所有地区成千上万片陶片——但文字研究者们只读懂、分析并出版了其中的一小部分。

楔形文字记录了从属于不同谱系的语言。苏美尔语和埃兰语一样，都是孤立语，也就是人们迄今尚未发现它们和任何一种已经消逝或现存的语言之间存在任何关联。至于埃兰语是否和印度达罗毗荼语系之间存在一定关联，这一点尚不能确定。很多用楔形文字书写的语言都是亚非语系中闪米特语族的分支，而其中最值得一提的便是阿卡德语（其后期的变体包括巴比伦语和亚述语）、埃勃拉语、乌加里特语及记录有这些文字的丰富文物（插图 2）。

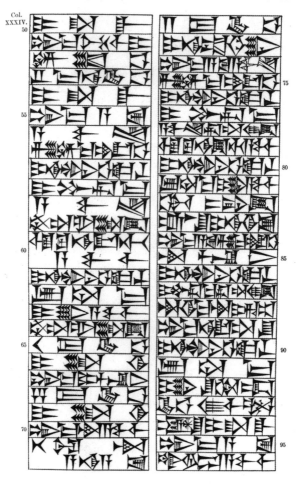

插图 2:《汉谟拉比法典》古巴比伦原文（局部图），亨利·所
罗门·韦尔科姆爵士

此外还有一些其他的闪米特语，其中流传下来的只有一小部分，比如亚摩利语、加喜特语以及一部分迦南语雏形，包括胡里安语、乌拉尔图语等高加索语系使用的也是楔形文字。安纳托利亚地区使用古印欧语的人们也同样接纳了楔形文字，其中包括海地特语、卢威语、帕拉语。不过卢威语同时还使用了另一种当地文字，也就是安纳托利亚象形文字。

尽管按照楔形文字的组织原则来看，这是一种音节文字，但在此期间也产生了一些独特的分支，比如古波斯的楔形文字，其符号组合更具备一种字母特征，其中包括纯粹的辅音符号，且这些符号的形式受制于其后的元音。其余的辅音符号也产生了变化（比如 k+a 的形式就和 k+u 不同；m+a、m+i 和 m+u 的形式也各不相同），而变化的依据则是后面的元音。波斯楔形文字同时也使用了表意符号，但这种符号总共就只有 7 个。另一种按照字母原则来书写楔形文字的语言则是乌加里特语，流传下来的乌加里特语篇章分为两种，其中一种使用的是音节楔形文字，而另一种则用到了一种当地的字母，这些字母的符号源自楔形文字（见第 5 章）。

六、旧大陆和新大陆的书写原则和书写技术

几十年前，很多文字研究者还认为，书写技术是在某一个特定的时间点，在某一个特定的地方被"发明出来的"，而随后，这种书写艺术就从起源地（按照当时的假设，即美索不达米亚的乌鲁克）传播到了全世界。直到现在还有一些观点在鼓吹文字的单源论，但大部分研究者已经摒弃了这种观点。

现在，我们对古代人类如何用符号和记号来划归自身文化圈、文字体系如何适应当地需求等方式和方法有了更好的了解。从普遍的文化理论来看，其最根本的出发点无疑在于，人类在自己的文明进化过程中，已经具备了创造文字的思维能力，同时，在世界上的许多地区，人们也都具备创造自身文字的技能。在不同的社会文化条件下，各个地区的不同社会都充分利用了这种能力。按照如今的观点，文字的起源是多元化的，而且按照其出现时间依次起源于以下地区：东南欧（古欧洲）—埃及—美索不达米亚—印度河流域—中国（古中国）—中美洲（奥尔梅克文明）。

那些支持文字单源论这一老旧理论假设的研究者们认为曾存在大范围的移民运动和文化交流，他们试图以

此来解释书写技术从美索不达米亚到新世界的大范围传播现象，其中最离奇的观点便是假设曾有人在青铜器时代从中国跨越太平洋来到美洲。很长时间以来，人们只能假设前哥伦布时期中美洲地区存在的文字都是从外部被引入当地的。

但如果我们从多源论角度来看，认为美洲的书写技术在发展过程中没有受到任何外部影响，那就产生了一些关键问题：文字在新大陆的诞生条件和它在旧大陆或其他地区的条件都是一样的吗？在前哥伦布时期的美洲，文字书写原则是否和旧大陆的一致或相似？美洲文字是否和在旧大陆诞生的文字有着同样的发展经历？

想要弄明白文字的起源，关键要先弄明白文字书写同口语发音顺序之间的关系。在旧大陆，促使人们书写文字的动因并不是为了让口语变得可见，而是为了按照内容记录信息，因此就不一定是按照语言上表述信息的形式来进行记录，书写的最初目的是记录单一的概念（或想法）。文字发展的这种最早阶段体现在语素文字的书写方式上，按照这一方式，文字符号代表的是整句话。有些地区已经拥有了语音上的书写方式，但同时也会使用上述古老的书写原则作为辅助手段，其体现在语素文字和限定词的形态上，并以此来标记特定的词类。苏美尔音节文字除了由音节符号组成之外，还包含了语素文字。埃及文字也与之类似。

古代中国所使用的文字最初也是语素文字，在当地，特殊的文字符号标记的是当时某一范畴中的一些基本概念。每个概念都有其自身独特的字符。而另一方面，我们可以从商朝流传下来的铭文中清楚地认识到，当时已经有必要使用更加有效的书写方式来适应语言的发音结构。这种必要性体现在书写姓名以及纯抽象概念的过程中，形象的书写方式已经无法表现这些概念了。除了这种纯粹的语素文字之外，当时的中国人还会使用表音符号（图画文字），这些符号能标记出中文的发音特征。

在旧大陆，古老的语素文字书写原则和后来的表音文字书写原则构成了一种共栖似的关系。这一现象最早出现在埃及，不久之后出现在美索不达米亚，经历了漫长的发展期之后，也出现在了古中国。语素文字（同时使用语素文字和限定词）和表音文字（埃及的音段书写法、美索不达米亚的音节文字）构成的双重性也成了美索不达米亚和埃及地区最典型的书写方式。

语素文字是苏美尔文字中最早的构成部分之一。其中很多文字的外部形态在转型成楔形文字时发生了剧大的变化，但在这些文字发展的早期阶段，依旧可以辨认出其形象化特征。在古苏美尔的象形文字中，形象生动的符号都是依据某一相关概念内容联想而成的。即使是在文字符号的形态已经被凝炼到不具辨识性之后，文字和意义之间这种内部逻辑的横向关联依旧得到了保留。在文字发展的过程中，最原始的纯语素符号保留了其表音特征，被当作音节符号诵读出来。由此，苏美尔文字中产生了一种二元性：原始的语素符号在特定文字关联中继续保留了它作为完整词符（语素文字）的特征，而在另外的文字关联中，它们则会作为音节符号用来记录单词中的音节结构。

限定词和语素文字的共同点是一致的，也就是和完整单词（单一概念）有关。但这两者之间也存在最明显的区别：限定词会被写下来，但不会被读出来。在当时的文字中，限定词是用来根据单词（名词和动词）的意义对其进行分类的，一个限定词标记的是一种特定的语义类别。

比如埃及文字就会用限定词符号来根据行动者的性别对其加以分类，将其分成坐着的男性或坐着的女性。而表示动作的动词则会用另一个字符来表示，该字符就像是两条正在走路的腿。如果一个限定词表现的是一个把右手支在脑袋上的人，那么，它表现的就是和大脑有关的动作，比如吃、喝、说、亲吻、思考。而这一类动词标记的则是一种身体动作，比如埃及语中的 csh（呼喊）；状态，比如 gr（安静）；情感反应，比如 msdj（恨）；情绪状态，比如 rshw（幸福）；或一种思维动作，比如 jb（思考）。在象形文字中，限定词符标记的词类多达30 多种，而这些词符表现的都是一位呈不同姿势的男性形象。以女性形象出现的限定词符总计不超过 10 个。

在前哥伦布时期的美洲文明中，最初的语素文字在发展过程中也渐渐地演变成了语音化的书写方式。奥尔梅克人是最初开始学会书写技术的印第安人，奥尔梅克这一名称的字面意思便是"来自橡胶之乡的人"。公元前 500 年左右，当地文字的发展进入了音节书写阶段。在很多方面，奥尔梅克人都是中美洲其余民族学习的对象，这些民族的文明发展都以奥尔梅克人为榜样，尤其是玛雅人，玛雅人还从奥尔梅克人那里继承了包括文字在内的许多文化财富。古代的玛雅语在当时已经被书写下来了，而且它原本和奥尔梅克语没有任何关联，因此，在当地特殊的文化条件的影响下，玛雅人的文字也得到了进一步的发展。

语素书写和表音书写方式在此地以一种独特的方式结合在了一起。在多种多样的书写方式中，最典型的示例便是碑文上记录的日期。玛雅人的历法非常先进，而且极为复杂（Schele/Freidel 1994：第 68 页及以下诸页）。他们拥有一种有 260 天历法的圣年历（卓尔金历），这是祭司使用的历法。同时，玛雅人还有一种 365 天历法的太阳历（哈布历）。为了精确地确定宗教仪式和所预言的时间，人们会以一种复杂的方式同时使用这两种历法来计算日期，铭文中记录下来的精确历法也便于确定相关文物的确切年代。历法上的字形在破译玛雅文字的过程中也起到了决定性的推动作用。如今，我们已经知道，单词的书写方式是多种多样的。我们可以用语素（或表意）字符（作为概念字符或抽象符号的完整单词符号）或音节符号来书写单词。为了便于诵读，同时还在抽象符号中加入了表音符号（比如古代中国的图画文字）。

美洲虎在玛雅文化中是一种具有宗教象征意义的动物，玛雅人对美洲虎（balam）有很多不同的描述方式。在表意符号的书写方式中，美洲虎的脑袋形象就是一个单词，代表着 balam，而按照音节书写原则，音节符号的顺序则是 /ba/, /la/ 和 /ma/: ba-la-m(a)。不过也可以将音节符号同表意符号结合起来一起用，因此，在书写 balam 一词时就出现了不同可能的组合：音节符号 /ba/+表示 balam 的表意符号；balam+/ma/；/ba/+balam+/ma/。

在书写以辅音结束的单词时，会写下以元音结尾的音节符号，但最后的元音并不会被读出来，比如 cab（大地）一词会被写成 ca-b(a)。文字以各种方式被改变，在具体使用时的形式既不完整（包含了临摹对象的各个细节，比如用一种完整的动物形象或一个完整的头部来代表美洲虎），也不凝炼抽象。玛雅文字属于一种书法式的、高度发达的文字。

可以想象玛雅文字这种结合了语素原则和表音原则的多层面的复杂书写方式，让破译该文字的工作变得愈发艰难。从原则上来说，新大陆的文字经历的发展过程应该和旧大陆的文字是类似的，但中美洲文字却没有发展到字母文字这一阶段。至于当时是否可能会达到这一阶段，我们现在也只能做推测，因为随着西班牙入侵者的到来，当地古老的文明遭到了不可挽回的破坏，而文字的发展也被中断了。

第三章

从单词书写到音标书写：
文字是对抽象思维的考验

　　促使旧大陆和前哥伦布时期美洲地区各类文字诞生的根源实际上是和文字史研究中的传统观点相悖的。将文字当作信息技术的动机一开始并不是为了让口语可视、固定并能被再度使用。从文字的发展过程来看，这一动机是后来才产生的，而且其本身和纯表音文字体系（音节文字、音段文字、字母文字）的出现有着因果关联。因此，所有以文字符号和语言符号之间的关系为首要指向的文字定义本身都是相当狭义的。

　　尤其是美洲文字的研究工作首先关注的是文字同语言发音之间的关系，也就是所谓的真正的文字书写。德范克（DeFrancis）所著的《可见语言》(1989)，其标题就表明了这种传统研究的根源。文字发展的早期阶段，比如古苏美尔的象形文字、古印度河文字中的标语性原则、古汉语的表意文字、奥尔梅克词符文字等，都在上述定义之外，尽管这些定义探讨的无疑就是文字的书写技术。

想要推断文字演变过程中文字符号逐步接近语言发音的发展过程，就不应该仅仅结合语言的口语代码来定义文字，而需要同时兼顾独立于语言的观念世界，语言共同体中的文化环境就受到这种观念世界的影响。从因果关系上来看，文字的书面化过程本身就是让独立于语言的概念——而非语言符号——变得可视的过程。考虑到文字在文化层面上的定义，我们就可以发现，人们运用文字这一过程最根本的发展动因就是对固化观念顺序（这也就是单一概念构成的联结）的需求。

一、文字和语言之间的对峙关系——符号系统的组成

拥有文字的世界遵循的是一种独特的社会文化法则。一方面，我们可以按照这种法则所具备的规则同语

言具备功能性的机制进行对比；另一方面，文字的产生过程在很大程度上是一种独立的、与口语法则无关的行为。一种语言的书写代码和口语代码原则上是两种独立的矢量，尽管在字母文字中，书写方式和发音方式显然是类同的。在文字体系的发展历史中，很明确的一点是，书写最初和口语无关，而且从语言上"打包"观念的做法本身并不具备太大的意义。

如果在信息加工史上，人类追求的是一种能固定思维内容的技术，也就是说，倘若人类使用文字的早期阶段并不受制于语言，那么，不管是在哪种文化圈，对于文字的产生而言，语言的类型就毫不重要了。不管是在何地，文字的加工和应用一开始都会受当地文化环境中的特殊条件影响。文字符号构成某一体系的方式都取决于现有的文化符号，而不是当地语言或其语法结构中的音节结构或音段结构。

在运用文字的初始阶段，由于需要追求文明的进步，同时也需要持续不断地累积信息并再度使用这些信息，因此，该时期也是对人类抽象思维能力提出考验的阶段。抽象思维发挥作用并创造原始文字的方式显然受制于相关文明，这也是独创文字会根据各地特殊条件"绘制并记录"所处当时文明发展现状的根本原因，同时，这一点也体现在文字再现的一些普遍基本概念的过程中，比如"男""女""太阳""山""手""睡觉"或"喝"。

二、书写技术及书写原则的发展趋势

在拥有独创文字的地区，书写技术的发展趋势都是类似的，我们完全有理由认为这是文字史上的共相。不管是在旧大陆还是新大陆，在初始阶段占主导地位的都是词符文字式的书写原则，没有任何地方的文字直接始于表音文字。换而言之，在所有地方，以书写语言发音结构为旨向的书写方式都是次要的，这是从词符文字的原始书写原则中发展出来的一种辅助构成。

这就意味着，从词符文字到表音文字的发展过程也是文字史上的共相。不过，在每一种独创文字中，词符文字和表音文字之间的关系以及表音原则得到执行的力度，都受制于当地的语言生态条件。与之不同的是，从单一发音和文字字符之间逐个对应的基本原则来看，从表音文字过渡到字母书写方式的发展过程则不具备普遍性。

这种发展转变——跳过音节书写阶段（比如在巴

比伦楔形文字中)和音段书写阶段(比如在埃及的象形文字中)——只在文字史上出现过一次,而且是发生在近东。随着字母书写原则及字母变体在全世界的推广,我们在探讨后期的独创字母时,更适合从其字符文字上的独创性出发,而不是其书写原则。

按照字符书写方式或表音书写方式占主导地位的情况,以及这两者在个别文字体系中共存的情况,我们可以对字母出现前的文字体系进行如下分类(有些地区的文字尚未被破译,或者一些破译工作尚未得到普遍认可,因此,这些分类后面加了问号)。

(一)字符书写方式(其中包括介于字符和表音书写方式之间的表音成分)

①古欧洲的文字(?)

②古苏美尔的象形文字

③埃兰线形文字

④古印度河文字(?)

⑤费斯托斯圆盘上的古克里特象形文字(?)

⑥商朝时期的古汉字

⑦最早的奥梅尔克象形文字(中美洲)

（二）词符和表音相结合的书写方式（字符文字为主）

①苏美尔楔形文字

②汉字

③刻在历法石上的奥梅尔克文字

④阿兹特克文字

（三）词符和表音相结合的书写方式（以表音文字为主）

1. 派生文字——音节书写方式

①苏美尔楔形文字在近东地区演变形成的派生形式（埃勃拉语、阿卡德－巴比伦－亚述语、埃兰语、胡里安语等）

②安纳托利亚（卢威）象形文字

③古克里特岛上的线形文字 A 以及迈锡尼－希腊线形文字 B

④玛雅文字

2. 派生文字——音段书写方式

埃及音段文字（象形文字、僧侣文、通俗文字）

（四）表音书写方式（没有词符成分的音节文字）

①塞浦路斯－米诺斯语

②莱万托－米诺斯语

③塞浦路斯音节文字

④古巴比伦文字

⑤美洲语言中的现代音节文字（切罗基语、克里语、奇帕维安语、迪恩语、加拿大因纽特语）

只有伊比利亚文字不属于上述分类，在伊比利亚半岛上，直到古罗马时期，人们使用的都是伊比利亚文字。该文字的书写方式结合了两种表音原则，也就是音节原则和字母原则，从中也可以看出文字书写形式在伊比利亚文明中的两个发展阶段（见第5章）。

三、文字相对于口语所具备的独立性

从原则上来看，文字体系的功能是具有独立性的，这和文字体系适应语言中的语音结构和词法结构的程度是毫无关系的。文字体系遵循独有的原则，而这些原则和语言结构之间处于部分而非完整的交互关系之中。能达到发音和文字一一对应这种理想状态的文字体系是非常罕见的（见下文）。

文字的独立性首先体现在其多样的组织原则上，文字体系和语言结构正是通过这些原则得以彼此关联。音节、音段或字母的书写方式并不会受到语言结构的限制，也不依赖于其所代表的语言类型。在书写过程中，阿卡德语会用到音节，古埃及语会用到音段文字，腓尼基语会用到辅音字母，这些都是有文化历史原因的。

表音文字的组成遵循的是不同的原则，这就意味着可以用各种不同的方式来估量再现发音特质时那些至关重要的标准。在音节文字中，最重要的是从音节上切分单词，此时单词的整体发音就变得不再重要了。后面这条标准在埃及象形文字的构成中起着决定性作用。这种文字符号呈现的是每个单词的音段结构，而在书写过程中，却只考虑到了单词中的辅音。按照单音节、双音节或是三音节的单词，这种象形文字也分别被写成单辅音、双辅音和三辅音（插图3）。大部分闪米特字母都

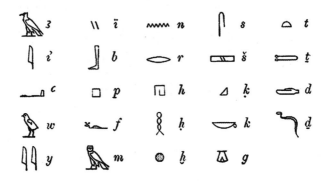

插图 3：埃及音段文字中的单辅音字符

是由这种单辅音字符构成的（见第5章）。

如果文字是具备独立性的，那么，人们就可能脱离语言本身所具备的特殊结构并使用不同的文字来书写该语言。在书面语言的发展历史以及各地普及相关识字水平的历史上，就有不少实例能证明曾出现过不同文字互相转换的情况，同时也可以从中看到，在书写同一种语言时，可以同时使用不同的文字。下文介绍的就是相关的例子。

古埃及语：

拥有三种变体的音段文字（源自公元前约3000年的象形文字，始于公元前约1500年的僧侣文，始于公元前600年的通俗文字）

字母（从公元前300年开始科普特基督教徒使用的文字）

古希腊语：

线形文字B（始于公元前1700年）

塞浦路斯音节文字（始于公元前1100年）

字母（始于公元前800年）

玛雅语（尤卡坦语、基切语）：

前哥伦布时期由表意符号组成的音节（始于公元前
300 年）

受到西班牙语影响的拉丁文（始于公元 1600 年）

古爱尔兰语：

欧甘文字（出现在公元 300—500 年）

拉丁文（始于公元 500 年）

越南语：

表意的越南语（喃字，始于公元 1300 年）

受到法语影响的拉丁文（国语字，始于公元 1700 年）

斯瓦希里语：

阿拉伯文字（始于公元前 1700 年）

受到英语影响的拉丁文（始于公元 1900 年）

日语：

汉字（用来书写词干的日文汉字）

平假名（用来书写语法中的语素时使用的音节）

片假名（用来书写非汉语借词和外来词的音节）

除了世界各地的独创文字之外 —— 这些文字的起源条件和发展条件都和当地的语言本身有关 —— 每一种语言在选择其所用文字类型的过程中都会受到文化历史和政治倾向的影响，而不是因为考虑到哪种文字体系更适合某种语言类型本身。在主流文明的辐射范围内，仿佛会出现一种吸引力，让大部分周边文明都毫无条件地融入该核心文明的机制之中。

比如在中国文明的影响范围内，其周边地区曾经全都吸收并使用过汉字。汉语是一种表意文字，这种文字体系非常适合书写孤立语言，从原则上来看，很适合结构上同样孤立的越南语，但汉字却同样成了书写日语、韩语等黏着型语言的基础。为了使用汉字书写本土语言且解决其中不同于汉语的语言结构，各地除了用汉字书写词干之外，还同时创造了本土的表音文字：日语中的片假名和平假名音节，朝鲜语中的训民正音字母。

类似文化历史上的前提条件同样影响到了西欧地区的人们接纳拉丁文并用之来书写本土语言的过程，同时也体现在被称为"斯拉夫语传播者"的西里尔（他是格拉哥里字母的创造者之一）及其学生 —— 来自奥赫瑞德的莱门特（他创造了西里尔文，为了表示对恩师的敬重，以西里尔的名字为此文字命名）——在东欧创造文字的过程中。西里尔字母源自希腊字母，在中世纪的斯拉夫国家，该文字通过宗教文本得以传播。西里尔字母在各地区的变体被各地视为本国独有的文字，并由此得到保留且流传至今。

四、语言结构和文字类型之间的关系

鉴于文化历史条件会对各语言选择相应文字的过程产生决定性的影响，因此，如果考虑到独创文字产生的条件，就有必要探讨语言结构和文字类型之间的关系。大部分独创文字都是为了再现黏着型语言，也就是为了表达在词根部分粘贴不同词尾来实现语法意义的语言。这种关系体现在美索不达米亚的埃兰文字和苏美尔文字中，也体现在古印度河文字、古埃及文字以及前哥伦布时期中美洲的文字发展历程中。

只有一种文字所辐射的文明圈因其文化条件和语言类型条件而明显不同于其他任何语言，那就是汉语。在汉语中，文字及其语言结构的发展条件从根本上就有别于其他拥有古老文字的地区所具备的相关条件。汉语是一种孤立语言。在汉语中，词汇上的语素和语法上的语素之间不存在任何区别。因为汉语中不存在词性的屈折变化，也不存在语法语素。在古汉语中，一个词位对应的就是一个语素，而且每个词都是单音节的。语言表述的意义取决于语段关联中词汇语素的先后顺序，这就是所谓的单一生成的结构类型。

考虑到汉语的语言结构，尤其是从文字史角度来看，语言类型和文字之间的关系具有一种普遍性，也就是表音化过程会根据不同的语言类型要么保持未完成状态（比如在汉语的词符文字中），要么正好与之相反，会加快完成该进程（比如在音节文字和字母文字的发展过程中）。从独创文字的历史中，我们可以明确看到一个事实，即上述交互关系并不会像系统自发机制那样产生影响，而是会因为文化习俗的不同而产生不同的变体。汉语和古苏美尔文字体系的形成过程就形象地代表了语言类型特征和文字类型之间的交互关系（体现在其文化的易变性中）。

汉字的起源目前尚未得到最终确认。在公元前1200 年左右的商朝时期，人们就已经在使用汉字了，其中最典型的文本形式便是甲骨文中占卜问答的叙述顺序，而当时的文字就已经是完整且高度发达的符号了，不过目前依旧无人知晓该阶段之前汉字的发展历史。有一些研究者认为，源自半坡文明（约公元前 4000 年）的陶器上画着的符号和后来的汉字有相似性，从甲骨文中的表意符号和词符符号可以推测其起源应该是象形符号。词符文字的原则特别适用于汉字，因为汉字中的每个文字对应的都是一个词位（一个单词）和一个语素。同时，同一个文字还代表了一个音节。不过从汉字在中国的发展历史中可以看到，从未有过表意符号和音节结构之间一一对应的关系。在汉字中，文字的数量要比音节数量多得多。

造成这种不对称性的一大原因在于声调的存在（不同的声调），从汉语在各地区的变体来看，这种声调体系也是多种多样的。在标准书面语（汉语普通话）中只有四个声调，在粤语中（其中也包括香港地区的汉语）则有九个声调。汉语中的音节数量非常有限，而所有的词位又都是单音节的，因此，汉语中就出现了无数同音字（发音相同的单词），而且确切地说，有好几千个汉字词位都是同音字。这些同音字都是有着相同音节结构的单词，而其意义则会因为不同的声调有所不同。在汉字的表意书写方式中，表意内容是至关重要的标准，因此，同音字会因其所具备的不同意义

而拥有不同的写法。就此来看，在书写汉字时就没有
必要标记声调差异（表1）。

表1

汉字的声调区别、书写方式、发音和含义示例				
声调	调值	书写方式	注音	组词
阴平（ˉ）	55	妈	mā	妈妈
		书	shū	书写
阳平（ˊ）	35	麻	má	亚麻
		赎	shú	赎金
上声（ˇ）	214	马	mǎ	马匹
		属	shǔ	归属
去声（ˋ）	51	骂	mà	咒骂
		术	shù	技术

汉字遵循的是词符原则，因此，书写抽象概念时就
会产生问题，因为表意符号很难甚至根本无法表现这种
抽象概念。在这种情况下，假借原则就成了书写时的辅
助手段。拥有相似或相同发音的单词被引申用来代替另
一种能再现抽象概念的表意符号（比如字符"来"(lái)，
本义为"小麦"；此外，该词被假借表示从一方面到另
一方面，即表示"过来"）。同音词只能根据所处上下文

来判断其所具备的不同意义。

人们需要根据每个概念本身所具备的笔画结构，通过一个特殊的符号来表现具体的概念，这就使得中国文字发展历史中出现了大量的符号。公元前 1200 年到前 1100 年左右的商朝时期，人们使用的甲骨文符号约为 2500 个。汉朝时（公元前 206 年—公元 220 年），汉字数量上升到了约 10000 个。而到了 12 世纪，汉字数量又翻了一番，达到了约 23000 个。最全的汉字词典囊括了大约 50000 个字符。

除了表现抽象的观念世界之外，在书写名字的时候，同样有必要对汉字进行表音化，尤其是在书写外国人的名字时，因为这些字的发音本身在汉语中是毫无意义的，所以就只能按照表音原则来书写这些人名，为此就会使用具有类似发音的汉字来再现构成人名的音节，在书写多音节的人名时则会用到一系列的语素。在书写人名、再现音节的时候，所用汉字本身所具备的意义就完全不重要了。因此，书写外国人名的过程本身就是按音节顺序进行排列的过程，同时也结合了汉字本身的发音体系和一些无意义的单词组合（表 2）。

表 2

用汉字书写的外国人名		
外国人名	外国人名汉语用字原意词汇	外国人名原文
狄更斯	戎狄—更改—如斯	Dickens
柴可夫斯基	火柴—可以—匹夫—如斯—基础	Tschaikovsky
里约热内卢	村里—约定—炎热—内部—卢矢	Rio de Janeiro
利奥波德维尔	利益—奥秘—波浪—道德—维系—尔辈	Léopoldville

在汉字的发展历史中，表音化过程并没有像汉字体系本身可能所具备的发展潜能那样取得更大的进步。不过，汉字的语言结构本身也决定了它无须在如今已经达到的水平上再实现更大范围的表音化。从理论上来看，汉字在其发展过程中也有可能像彝文那样几乎彻底成为音节文字。从公元 14 世纪开始，彝文在历史上使用的字符就有好几千个，到了 1975 年，彝文被标准化了。现代彝文由 819 个常用规范彝字构成，其中 756 个用来书写本族的音节结构，另外 63 个则被用来再现借词中外来的音节结构。如果汉字也像彝文那样成了一种音节文字，每一个历史上固定下来的符号都能代表一个特殊音节结构的话，其好处可能就在于，如今使用的汉字数

量会大幅减少。

汉字是有可能以另一种方式适应非单一生成的语言结构的，从它在日本语中的发展历史就可以看出这一点。日文汉字是一种用来书写词干的文字体系，而为了书写日语中的语法语素，人们另外创造了平假名音节，其符号本身也来自汉字。另一种日文文字体系，即片假名，其发展过程也与之类似，片假名是用来书写非汉字借词的音节词。可见，日语在其书写过程中会用到三种文字体系，而每一种体系都有自己的特殊功能。

考虑到文字作为文化机制已经在中国存在了几千年这一事实，历史上会出现无数同汉语及其书写文化相关的刻板印象，也是很正常的。其中一种成见认为汉语拥有典型的中国特色，以致人们无法用另一种文字来书写汉语。

对此，最好的反证就是拼音，这是一种用拉丁文来书写汉语的音译体系。《汉语拼音方案》出现于 1958 年，无论是在学术作品中，还是联合国组织和大众传媒对中文姓名进行官方音译时，都会使用拼音，拼音会用不同的符号来标注声调。1913 年时还曾出现过一种全国通用的汉语注音字母，其中的符号一部分来自汉语中的表音文字，另一部分则是新创造的，而且还会用不同的特殊符号（点、线）来标记声调。由于中国政局的转变，这种具有中国地方特色的字母并没有得到推广和发展的机会。

还有许多事例表明可以借助字母文字来书写单一生成的语言，用来书写泰语的就是一种音节字母，这种字母是在 13 世纪时从高棉文字中派生出来的，而高棉文字本身是南印度文字的一个分支。泰语的元音体系极为复杂，其中包括总共 24 个单元音和双元音。

我们也可以从越南语的现代书写方式中看到用拉丁文来书写单一生成的语言。越南文字中吸收了 22 个拉丁字母，但这并不足以用来标记其所有的音位差异。因此，越南文字中还有许多其他辅助符号，比如以图解方式进行补充的 đ（用来标记爆破音）或用不同的辅音组合 ng、ph 或 gh 来标记单个音素。不同的符号一方面会被用于标记元音的长短和开合度，另一方面则用来标记声调关系。越南语有六种声调，而其中一种横声不会被标记出来，另外几种声调则会用特殊的声调符号标出来。在欧洲人看来，书写越南语是一件极度复杂的事。但如果我们将之同喃字（这是一种以汉字为基础的古老文字）中复杂的书写方式进行比较的话，可能就不会再这么觉得了。从文字书写技术的效率来看，或许汉字也可以向现代越南文字学习一下。

五、不断发展的表音化进程

　　文字史就是文字图像不断地试图以更好的方式表现语言形式要素的历史。一些特定语言的语法结构（比如黏着型语言、屈折语、多式综合语等）使得书写变得异常困难。如在书写苏美尔语这样的黏着型语言时，就需要有一定的侧重点。古苏美尔语中的象形文字基本上只考虑词干，人们在书写苏美尔语时从未致力于精确地再现语言的发音。这种书写方式依据的就是我们所说的标字原则（英语中叫作"catch word principle"），苏美尔语的传统书写方式一直遵循着该原则，甚至转型为楔形文字时，依旧保留了该原则。

　　苏美尔语中从未放弃过该标字原则。从苏美尔语文本主要使用语素文字和限定词这一点就可以看出来（最高可达 63%），音节词的数量只占 37% 到 54%。随着苏美尔文字开始吸纳阿卡德语，为了实现以音节为主的书写方式，人们最后放弃了该原则。在阿卡德语文本中，音节词占所有常用符号（最多为 400 个）的 86%到 96%，同时，语素文字的数量大幅减少（占 4% 到 7%）。

　　在文字发展历史中，这种表音化进程带来的好处是显而易见的：文本的文字形式和语言发音顺序之间的关联更加紧密，思维过程也得到了更为明晰的固化。因此，读者在诠释写作者试图表达的文本内容时，就不会像标字原则占主导时出现那么多的不确定性。

为了对比在不同时代人们会以何种方式来记录一篇或者同一篇文本，我们可以以苏美尔语的教学文本为例进行研究，由于具备永恒的教育意义，人们会在不同时期对这些文本的内容进行多次重新编辑。其中一篇文本就是舒鲁帕克对其子吉乌苏德拉所做的教喻，记载了这些内容的较早版本源自公元前 2600 年，而较新的版本则来自公元前 1850 年。与新版本相比，旧版本中向读者进行补充性阐释的内容要多得多，而新版本则根据标字原则将文本编写得更为精确。

按照最新的研究，古印度河文字遵循的也是标字原则。记载古印度河文明的文字很可能是达罗毗荼语的一种变体，这也是一种黏着型语言。其中只有词根会被书写下来，词尾及派生的后缀则不会被写下来。在人们使用该文字的时期（也就是约公元前 1800 年之前）遵循的一直都是这种书写方式。

文字的表音化过程历时漫长，在旧大陆的大部分文明中，其最后都发展到了音节文字和音段文字阶段。根据最新研究，在前哥伦布时期的美洲，玛雅文字遵循的也是一种音节书写原则，在当地文字中，符号的组成是非常多样、多变的。阿卡德楔形文字总共由最多 400 个符号组成，按照不同文本的组合方式，其中有大约 85%到 95% 是音节代词。迈锡尼 – 希腊语中使用的线形文字 B 总共用到的是 73 个音节符号。用来书写埃泰尔塞浦路斯语和阿卡狄亚希腊语的塞浦路斯 – 音节词总共有 55 个符号，而现代日语中的音节字母则各有（平假名和片假名）48 个独立的音节词。

第四章

书写技术和文字载体 —— 从陶板到电子书

人类所具备的发明天赋和视觉创造力在不同文字体系的一系列图像构成中得到了充分体现。在长达七千年的文字史上，除了文字本身，值得关注的还有各种各样的文字载体。在这一方面，人类似乎确实拥有无限的想象力。

文字载体可以是无机物（比如石块、陶土、金属或合成材料），也可以是有机物（比如木材、骨头、棕榈叶、皮革、纸、纺织物）。在文明发展过程中，各种材料的使用频率各不相同，处在不断的转变之中。一些历史悠久的特定书写习惯会延续下来，但记录文字的载体却在不停地变化。很早以前，文字会被书写在纸莎草或棕榈叶上，后来则被写在纸张上并被装订成书册。出于教学需要，伊特鲁里亚人和罗马人会使用蜡板，也就是涂了蜡、用象牙或木材制成的写字板。在很长一段时间内，学校里使用的都是石板，直到20世纪下半叶，合成材料制成的写字板才开始流行起来。在亚洲和非洲的《古兰经》学校里，如今依旧流行使用写有教义篇章的木板。

一、石块

众所周知，在任何时代，人类都会使用特定的材料来记录文字，几万年前——也就是早在文字出现之前——人类就已经在这样的材料上永久地记录下了自己的视觉创造力。可以确定的是，记载着人类视觉文明创造物的最古老载体是石块。人类创造的最古老的艺术——在欧洲和非洲的山洞里，以及在澳大利亚的悬崖壁上发现的旧石器时代壁画——之所以能得到保留，就是因为石块本身所具备的耐久性和稳定性。直到如今，石块依旧会被当作文字的载体，比如墓碑或纪念碑上用作纪念的碑文，或是房屋墙壁上的宣传文字或涂鸦。

有意思的是，在旧大陆，人们最早用来画、刻文字的材料并不是石块。最古老的文字载体是陶土，而且陶土会被做成小小的板块，事先在火中烘干变硬，比如源自公元前5300年左右来自特兰西瓦尼亚的特尔特里亚陶片，源自公元前3150年到前3350年间埃及早王朝时期的陪葬品中最古老的图章，又或是源自约公元前3200年最古老的苏美尔陶板。但在新大陆，石块则是最古老的文字载体。最早的奥梅尔克象形字是在石柱上被发现的，在玛雅文明中，最典型的便是在石块构成的金字塔中，其石柱和建筑构件的浮雕上都刻有象形字。

在不同时期，在世界各地的不同文明中，石块始终都是一种文字载体。古埃及建筑中的大部分建筑构件，金字塔、神庙、墓室内壁、石柱和方尖塔上，都布满了象形文字和浮雕。雕凿在石块上的重要历史文物还包括巴比伦国王汉谟拉比（在位时间约公元前1792—前1750年）制定的以楔形文字铭刻的法典，公元前450年在克里特岛美沙拉平原诞生的古希腊《格尔蒂法典》，印度统治者阿育王（在位时间为公元前268—前232年）制定的法勒，安纳托利亚山间的圣所里面用卢威文字和象形文字记录的铭文，用拉丁文铭刻的诸多奠基铭文，以及斯堪的纳维亚地区以卢恩文铭刻的许多碑文。

在古希腊罗马时期，石块也是人们制作图章时的首选材料。在多瑙河古文明的发掘地曾出土过源自公元前5000年左右的刻有文字的图章，但这些图章都是用烘干的陶土制作的，最古老的石质图章来自美索不达米亚南部地区（乌鲁克）以及埃兰文明圈（苏萨）。从近东地区发现的古老图章上面刻着的是装饰图案，但很快，图章上面也开始出现了文字，该地区最典型的图章都是圆柱形的。在人类文明史上，为了制作图章，人们会用到各种不同颜色的矿物及化石，其中最有名的包括水晶、猫眼石、紫水晶、琥珀、蔷薇石英、玉、绿宝石、蓝宝石、血石、缟玛瑙、玛瑙等。

但石块也不是能够被永久保存的书写材料，古希腊罗马时期的石碑就因几千年来的风化和现代有害物质——比如尾气——的影响而遭到了侵蚀损坏，不过相对而言，石材的保存期还是很长的。

二、陶土和陶器

陶制品在许多文明中曾经是——而且如今也是——一种记录文字的载体，它们包括陶土雕像（比如古多瑙河河谷文明中的女性雕像）、陶板（比如在美索不达米亚或米诺斯的克里特岛上）、伊特鲁里亚或希腊陪葬品中用来祭祀的容器，还有地中海周边文明中的日用陶器。古希腊人因制作出了充满艺术气息、装饰华美的花瓶而广受赞誉。这些花瓶上不仅描绘了希腊神话中的许多场景，而且瓶身上还刻有铭文。最古老的希腊语篇章使用的是字母文字，这就是著名的迪普利翁罐上记录的铭文，它是在希腊本土的雅典附近被发现的，制作于公元前 8 世纪上半叶。早在几千年前，希腊人就已经开始在陶器上刻字了。目前保存良好、源自迈锡尼时期的一系列篇章就是用线形文字 B 刻在花瓶上的铭文，其中一些看起来充满了艺术感，这也是欧洲传统书法的源起。

三、金属制成的书写载体

古代文明中的一大创新便是推广使用了金属制品，可以被冷加工（用锤子）的最古老的金属便是铜和金。后来，人们学会使用了熔化金属的技术，并由此开始制作合金（比如青铜）。在古希腊罗马时期，几乎所有具有实用性的金属上都会被刻上文字。和石材一样，金属也具有稳定耐久性，但随着时间的流逝，许多金属制品都遭到了破坏，人们将其熔化之后又制成了新的物件。

许多雕像和饰品都因此被损毁，同样被损毁的还包括记录在这些金属制品上的文字。另一方面，现代考古工作也让许多记录着文字的金属制品重见天日，在几千年的岁月里，这些物品都是时代的沉默见证者。

在金属储备丰富的一些地区，比如伊比利亚半岛，特定的金属材料是人们首选的书写载体，许多伊比利亚语和凯尔特语铭文都是刻在铅板上的，包括伊特鲁里亚人也会把铅板当作书写用的底板。此外，人们还在黄金制品上发现过用伊特鲁里亚语镌刻的铭文，比如刻在皮尔基金片上的著名铭文（公元前 5 世纪）。

四、骨骼和象牙

在文字书写历史上，记载文字的材质大部分都是有机物，而其中最古老的有机材料便是骨骼。早在人类学会使用文字之前，就已经会使用包括骨骼在内的一些材料并在上面刻上装饰花纹。有史以来最古老的数字记录就出现在旧石器时代的骨骼上，上面记载的可能是从一个满月到下一个满月期间的日子。

在中国古代，人们最早是把文字刻在鹿的肩胛骨和龟壳上的。尽管人们在中国发现的最早字符 —— 其可能拥有神秘的象征功能，而且看起来似乎汉字就是由此发展而来的——出现在公元前 5000 年左右的新石器时代半坡遗址（陕西省）的陶器上，但以完整铭文形式出现的字符序列却是被刻在龟壳上的。几千年来，人们把这些龟壳放在火上烘烤，并依据壳面裂开的纹路解读自身的命运，拥有神奇力量的巫师和卜者会从这些刻印文字上解读与预卜之事相关的关键问题。

不管在任何时代，最珍贵的骨骼材料都是象牙，从旧石器时代，人们就开始在象牙上刻画不同题材的图案了，后来也开始在上面刻印文字。雕刻在象牙上的文字属于最精致的手工艺珍品，所谓的"卢恩文匣子"便是这样一个具有特殊意义的杰作，该匣子目前被存放在德国下萨克森州东部的布伦瑞克市的安东—乌尔里希公爵博物馆内，是该博物馆在 19 世纪时从甘德斯海姆得来的。直到如今，人们依旧不清楚该匣子的来源和功能，这件精美的雕刻艺术品会让人联想到用来保存圣人遗物的匣子，人们只能猜测它受到了 8 世纪盎格鲁 – 撒克逊文明的影响，上面的卢恩文铭文可能和宗教主题有关，古老的文献资料里面也都没有提到此物是如何来到甘德斯海姆修道院的。

五、莎草纸

很多用来书写文字的有机材料都很容易朽烂消失，比如木材、皮革、莎草纸、羊皮、纸、棕榈叶、纺织物等，其中有一些材料早在几千年前就已经是盛行的文字载体了。在古埃及，从公元前 3000 年初开始，人们就已经开始在木板和纺织物上面写字了。尽管在第一王朝的墓地陪葬品中（塞加拉墓地），人们就已经发现了莎草纸，但这些最早的文物上面并没有文字。一开始人们可能并不是为了写字而制造莎草纸的，但随着莎草纸被广泛用作书写载体，它也在古埃及成了流行品。古埃及的文献资料中没有提到如何用纸莎草这种植物制作纸张的信息，可能古埃及人认为制造莎草纸的技术应该是该行业中可靠的专业人士才能掌握的一门专业知识。欧洲人是从古罗马作者老普林尼（公元 23—79 年）的作品中获悉莎草纸的相关信息的。

如今，埃及和近东文明核心地区许多记录有文字的莎草纸早已消失不见了，在气候的影响和人类的破坏（比如火灾）下，有可能古希腊罗马时期大部分记录在莎草纸上的文献资料都已经被损毁了。而且有时候资料的损毁可能仅仅是因为人们的愚昧无知，比如埃及的农民们在田间休息时需要点火煮茶，这时候就可能在周边哪里的沙堆里找到了放在罐子里的莎草纸，于是便将之撕碎用来烧水了。但大部分莎草纸还都保留了下来，这要归功于地中海东部以及尼罗河河谷地区干燥的气候，同时，也是因为这些地区的许多坟墓没有被盗墓贼洗劫过，在考古学家们挖掘之前，这些坟墓都得到了完好保存。

在古代，纸莎草曾遍布整个尼罗河三角洲，但如今，埃及地区已经没有野生纸莎草了。人们在埃及发现的纸莎草都是后期人工栽种的。罗马人把纸莎草连同制造莎草纸的技术带到了欧洲，直到如今，这种植物已经在西西里岛的小溪边、河床里安了家。公元 8 世纪时，阿拉伯人把纸张带到了埃及，于是，莎草纸作为书写载体的地位便被纸替代了。值得注意的一点是，除了它的起源地，其他地区在很长时间内也在使用莎草纸。直到 11 世纪，罗马教廷出具的证书用的都是莎草纸。

六、木材和树皮

在一些地区，木材不会因为潮湿的气候而腐烂，因此也只有这些地区的人们会将木材作为书写用的介质，而埃及历史上就曾长期使用木材来书写文字。自古以来，埃及人会在棺木的四壁和底部画上不同的图案序列并写上文字。在世界上的不同地区，写在木材上的文字都在各种不同的条件下得到了保存。直到 20 世纪，复活节岛洞穴中的朗格朗格木板大部分都得到了良好的保存，上面的文字都是和宗教仪式相关的，这些也是祭司们一直在守护着的神秘知识。

在中国西部（新疆）丝绸之路的北侧，公元初几世纪之内，那里曾有一个古国，其中心城市便是绿洲之城楼兰，几年前，人们曾在楼兰地区发现过刻有文字的木板。其中一些木板上记载的是货物发送的关税记录，另一些刻着佛经的木板则表明当时佛教已经被传播到了该地区。在塔克拉玛干沙漠（戈壁大沙漠的边缘区域）的干燥地表中，这些木板得到了很好的保存，连用墨水写上去的文字如今依旧清晰可辨。

除了木材中坚硬的部分外，软韧的树皮有时候也可以用作书写材料，其中最适合写字的便是桦树皮，在美洲——奥吉布瓦印第安人用线形方式进行图片叙事记录时用的便是桦树皮（见第 1 章）——和欧洲它都曾被广泛使用过。记录在桦树皮上最著名的篇章来自中世纪时期的诺夫哥德，从斯堪的纳维亚到拜占庭，从莫斯科到北海及波罗的海沿岸的汉萨同盟城市的商路就在此交汇。在诺夫哥德，人们更倾向于使用桦树皮来书写文字，这不仅表示人们更偏爱便宜的书写材料，而并非昂贵的羊皮纸，同时也可以看出，除了受过教育、会读文写字的少部分人之外，当时大部分人也都具备阅读和书写能力。

桦树皮上记载的文字源自公元 11 世纪到 15 世纪，其中所包含的主题丰富多样，有商务信函这样记录着经济生活的篇章，有证明、协议等法律文档，也有记载着宗教主题和教会日常生活的篇章，以及日常书信往来和教学用的文章（比如基础练习）。这些文字记录都是用古俄语书写的，其中只有一篇文章是用芬兰语写成的。

七、棕榈叶

在地中海地区，早在古希腊罗马时期，人们就会用棕榈叶来写字。在古克里特岛，文字研究者们发现了与之相关的最早证明。大部分流传下来的文字都是以线形文字 A 和线形文字 B 写在陶板上的，对于这一点，研究者们感到非常惊异——尤其是当人们发现克诺索斯出土的以线形文字 B 写成的文本从内容来看都是和宫廷事务相关时，更是感到失望不已。由于线形文字 B 已经发展出了一种斜体的书写方式，因此，人们也不禁质疑，是否大部分迈锡尼－希腊语文章都是用线形文字 B 写在另一种材料上的，而这种材料在气候变化中已经被破坏消失了。对此，人们找到的唯一一个合乎逻辑的解释便是克里特岛上的米诺斯人和后来的迈锡尼人都偏爱在棕榈叶上写字，而在当时，生长在该地区的棕榈树要比现在多很多。

后来的人们也会使用棕榈叶来写字，这一点在亚洲文明中已经得到了证实。在丝绸之路沿线一些寺院的宝库中发现了许多古老的手抄稿，这些都是佛教僧侣们在公元初的几世纪内写成的。其中若干佛经是写在棕榈叶上的，另一些则是写在织物或纸上。1907 年，一些西方学者在敦煌（中国甘肃省西部）的一座寺庙里面发现了大批经书，而在此之前，这些手稿都被秘密保存着。

和佛教徒一样，印度人也曾把佛经抄写在棕榈叶上，然后将其铺在木板之间捆束成册。印度、斯里兰卡、东南亚和西藏许多寺庙的藏书阁中如今还保存着成千上万册这样的棕榈叶书稿。

八、皮革

在古希腊，皮革是一种非常流行的书写材料，而其中最常被使用的则是山羊皮，希腊语将其称之为皮纸（diphthera）。伊特鲁里亚人把这个词带到了意大利，罗马人也接纳了该词并用之来指代字母（littera）或书信（litterae）。从这两个词所代表的含义也可以看出，这种原材料一开始就是和书写联系在一起的。诸多写在皮纸上的希腊语、伊特鲁里亚语或拉丁语文字都没能保存到现在。随着时间的流逝，皮纸及书写在上面的文字也渐渐消失了。经过简单处理的皮革是一种昂贵的书写材料，但比羊皮纸更加容易制作，而后者的制作成本则更高。

九、羊皮纸

制作羊皮纸的原材料同样也是动物皮，但这些皮革都需要经过复杂的清洁程序（在石灰水中软化、去毛、刮净、平整、干燥）才能被制作成坚韧、经久耐用的羊皮纸。只有刚写到羊皮纸上的字迹才能被擦除，如果要消除很久之前的文字以重新使用该书写纸，就需要用浮石来擦掉上面的陈旧字迹。从它的名字（Pergament）就可以看出，羊皮纸最初来自佩加蒙（今帕加马），这是小亚细亚西北地区一个始建于公元前 283 年的小国。早在公元前 180 年左右，佩加蒙地区的人们就开始制作羊皮纸了。

托勒密王朝时期曾颁布过禁止出口莎草纸的命令，因此，寻找新的书写材料就成了当务之急。一开始，人们是为了创建佩加蒙图书馆而开始制作羊皮纸的，但他们慢慢地发现了这种新产品作为商品的价值。在古罗马帝国早期，长篇文章都会被写在所谓的羊皮纸手抄本上，每四张羊皮纸装订成一册 [这也是"四个一组、四元数"（Quaternion）一词的由来]。只有在出版珍贵文本（包括插图）时，人们才会使用羊皮纸，与之不同的是，莎草纸则会用来书写、出版普通文本。

十、纺织物

使用莎草纸和羊皮纸作为文字载体的时代早已过去了，而纺织物虽然在历史上从未成为主要的书写材料，但直到如今，它们依旧会被用于书写文字。像皮革这样的材料非常容易因气候影响而遭到破坏，因此许多古代写有文字的纺织物也同样随着时间的流逝消失了，只有若干源自古希腊罗马时期、书写着文字的织物保存了下来。19世纪，人们在克罗地亚萨格勒布（旧称阿格拉姆）的国家博物馆发现了一篇用伊特鲁里亚语写成的文章，而且该文章是写在一具埃及木乃伊的裹尸布上的。文章总计有1200个文字，目前为止，这是用伊特鲁里亚语写成的最长文章。这篇文章是如何被写在裹尸布上的，以及这具木乃伊是何时被带到欧洲的，到如今，依旧是未解之谜。

另一种具有历史文化意义的织物来自中世纪，也就是法国北部著名的贝叶挂毯。该挂毯是在公元1100年左右被织成的，其中的图片按照顺序详尽地表现了1066年诺曼人登陆英格兰的情形以及该行动前期的准备工作，而用拉丁语编织在挂毯上的文章讲述的就是每一幅图画中的场景（比如"马匹从此处被运下船"）。

十一、纸

作为书写材料，纸能以最高的效率满足人们的书写需求，同时也是从古至今世界上被使用最多的文字载体。尽管"纸"这一表述很容易让人联想到埃及的莎草纸，但纸的制作程序完全不同于莎草纸。在制作莎草纸时，人们会取纸莎草内部柔软的茎加以压榨并使之变得平整，而造纸时则会把用植物纤维做成的纸浆倒在过滤器上。最早成功发明造纸术的是中国，而且是在公元前2世纪。公元7世纪，造纸术从中国流传到了印度，几百年后，从印度传播到了西亚。

公元8世纪，阿拉伯人把纸张带到了埃及，并迅速地取代了埃及莎草纸的地位。在将近五百年间，阿拉伯人垄断了该地区的造纸术，并且将纸作为商品贩卖在商业上获得了巨大的成功。而欧洲人也通过他们接触到了这种材质，但在西欧，直到中世纪中期，羊皮纸一直都是主要的书写载体。直到公元12世纪，欧洲人才开始学会这门之前一直都被阿拉伯人谨慎守护着的绝密技艺。不久之后，也就是到了13世纪，意大利的造纸业开始发展起来。

纸在欧洲以及之后在全世界取得的成功，都要归功于1455年约翰内斯·古腾堡发明的活字印刷术。直到如今还有很多人相信，正是由于古腾堡的发明，欧洲各地的语言才经历了一次真正的变革，并且脱离了拉丁语成为教学语言。而事实却是，首先经历巨大变革的是拉丁语的书写传统，直到17世纪，大部分书籍都是用拉丁语写成的。直到后来，各地区的书面语言才通过书本这一媒介最终成为教学语言。在数字化时代到来之前，作为书写载体的纸以及作为书面信息储存媒介的书籍都是文字书写中最重要的工具。

除了欧洲之外，纸和书籍的传播历史都经历过独特的变革，同时各文明交汇时也带来了令人惊异的冲突，尤其是当人们开始接触美洲文化时。当西班牙侵略者在埃尔南·科尔特斯的带领下占领墨西哥之后，他们在当地看到了许多事物，而按照欧洲人的观念，"野蛮人"不可能拥有这样的事物：高度发达的建筑业、文字、书籍和图书馆。欧洲人和印第安文明之间的这种对抗当然会带来文化冲击，这种冲击便体现在外来者愚蠢的侵略行为和残暴行径之中。当地的图书馆被焚毁，圣地遭到了破坏，知识分子被谋杀，书写文化也遭到了扼杀。

在西班牙人到来时，美洲的书写文化已经非常发达，相关文字记录也种类丰富，玛雅文字资料中最有名的便是所谓的玛雅刻本了（折叠书），该刻本是写在当地人制作的纸张上的，人们把某种野生无花果树的嫩树皮浸泡在橡胶汁液中，再用这种树皮制作纸张。在前哥伦布时期的几千份刻本中，只有四份未遭到西班牙侵略者及其帮凶——传教士们——的破坏，如今保留下来的折叠书包括德累斯顿刻本、巴黎刻本、马德里刻本以及格罗里刻本，这些刻本都是用尤卡坦语写成的。除了玛雅人之外，墨西哥西南部的米斯特克人和墨西哥山谷中的阿兹特克人也都会造纸术，在米斯特克和阿兹特克文明中也出现过折叠书。

当美洲人渐渐忘记当地的造纸技术时，欧洲的造纸业和印刷业却是一片欣欣向荣。作为书写载体的纸张在现在也都是不可或缺的，而且在和电子信息加工技术的竞争中不相上下。20世纪70年代末，当第一台现代计算机问世时，许多人认为传统印刷术和纸质时代的末日即将到来。事实上，印刷行业中的铅字制版技术确实早已被照相排字技术所替代，而且最后也在数字书写技术的时代彻底被弃用了。但在信息技术爆炸式发展的这些年，纸媒依旧大受欢迎，而且跟这些人的预测正好相反，印刷技术——和信息加工过程中使用的软件程序的发展过程保持了一致——也得到了迅速发展。早在几年前开始，即使是台式打印机也能打印出高质量的彩色文档，而且这些文档也可以作为书籍出版时付印的样稿。

即使是在数字时代，我们依旧处于"古腾堡星系"之中，20世纪50年代时，加拿大未来学者马歇尔·麦克卢汉曾预言，"古腾堡星系"会得以存活。无论是在历史上的哪个时代，都没有像如今这样有这么多报纸、杂志、宣传册、书籍将纸张作为书写载体。无论是电子邮件还是因特网都没能阻挡洪流般的广告册，也没能减少每天在各公司部门和政府部门中不断传递的大量工作文件。尽管现在人们都会保存电子数据，但在工作中，数据和文档还是会被打印出来并以纸质形式供人使用。可见，纸的重要性丝毫没有减少，只是其功能发生了转变。

纸也只能在有限的时间内才会继续作为书写载体存在，可能再过上一个半世纪，这种载体也会渐渐地被弃用。但和现代电子媒介相比，纸张显然更具稳定性。

十二、数字化的文字形式

和人类文明史上其余诸多创新一样，数字化技术并没有摧毁存储信息的古老技术，而是拓展了其领域并提供了新的可能性。

比如电子书并没有取代传统书籍，尽管从纯粹的经济学角度来看，这可能是一种值得期待的现象。事实上，在被其余技术手段超越之前，电子书都没有发展出独立的市场。如今信息技术发展的趋势已经不局限于数据的物质载体理念，其首要目的不是将信息载入光盘或电子书等数据载体，当中的核心标准是数据化信息的可支配性，也就是能够通过因特网调用这些信息，传统的数据载体"纸质书"和虚拟数据载体"因特网"是对立并存的。

纸质书和数据技术之间的密切关系也预示了未来的发展趋势，这一点尤其体现在纸质书的订购形式上。纸质书（"按需出版发行的书"）不再被囤积在批发商那里，而是应个体客户的需求而出版发售。

尽管数字信息技术发展迅猛，但数据存储的稳定性问题却与之形成了充满争议的矛盾。存储在电脑硬盘中的数据可能在几个月后就会被清空，而因为电脑中的应用程序在瞬息之间就会被更新，光盘里的内容过几年便有可能无法被读取出来。我们存储信息是为了之后再度使用，但现在不得不定期将它从一种旧存储器转移到新存储器，而且还需要不断地进行安全备份并控制存储容量，而后者又取决于持续的能源供给；在灾难发生时，或许留给我们的只有存储在传统书写载体上的信息。

十三、书法

无论在任何时代、任何文明中，文字书写都不仅仅是纯粹用来保存信息的技术，它同时也考验着人类的视觉创造力和美学感知。在一些文化中，书写已经发展成了一种具有悠久历史的艺术形式。阿拉伯－伊斯兰世界禁止人们直接画生物，因此，文字符号便成了表现造型艺术的工具，也是制作伪画作的视觉手段。在中国和日本，书法艺术一直以来都拥有崇高的地位。日本或中国的书法家会在几十年的笔墨练习之后，以自己是否能创造出一幅从美学角度来看完美的书法作品来衡量个人能力，这在欧洲人看来可能是一件怪事。在东亚人眼中，书法美学是其历史悠久的书写文明的一部分，同时也是构成其文化记忆的一部分。

　　美感和品位一样都因人而异，因为这两者都取决于特定的文化模型，因此，也就没有必要为了评价文化史上的文字作品和书法作品来制定普遍标准。在一些历史时代，欧洲人的美学深受古希腊罗马美学的影响，以至于他们不愿接纳欧洲以外的艺术或古希腊之前的艺术，甚至会贬低这些艺术。阿兹特克折叠书中的图画题材在欧洲人眼中便是丑陋的代表，而基克拉泽斯群岛上抽象的神像则被欧洲人误解成是因为没有能力创作具象艺术，在不列颠殖民者眼中，印度的印度教神庙墙壁浮雕上的裸体女神和舞者的放荡形象简直就是对美的玷污，是对道德的践踏。

如果摆脱固有的价值观，世界各地书法美学和造型艺术的发展历史上都充满了各种令人瞩目的创造性。文字图像的书法塑形过程不仅局限在字符形式上——这当中也可以细分不同的书写流派——同时，还涉及文字段落之间在空间美学上的位置分配，以及装饰性浮雕上铭文和图案的分布。这一点体现在埃及墓地的浮雕画像、方尖碑上象形文字和图案的分布上，同时也体现在伊特鲁里亚人用来表达感恩、写有文字的献祭品上，或者是古希腊花瓶上的神话场景和雕刻上去的名字。早在古典时期（公元前 5 世纪—公元 4 世纪）之前，古希腊就已经有花瓶绘画艺术了，包括迈锡尼时代绘有画像的花瓶也都令人印象深刻。许多花瓶上都写有文字，而且也可以清楚地辨识出是线形文字 B 的字符，迈锡尼 – 希腊语就是用这种文字书写的，而花瓶铭文上的线形文字 B 则是斜体的。也有一些铭文的文字书写风格已经具备了成熟的美学形态，可以说这是真正的书法。其中最值得一提的便是一件底比斯花瓶上的铭文，该花瓶是公元前 13世纪的产物。从迈锡尼时代开始，欧洲的书法艺术不断繁荣，发展出了各种不同的书法风格。

在有些地方，公元前的传统艺术和基督教美学艺术共存，于是，当地就发展出了具有地方特色的书法形式。克里特文明中的动物图像题材所具备的风格同中世纪早期爱尔兰手稿中华丽的首字母缩写形态之间的关系就别具一格，在美学上也具有无可比拟的美感，包括意大利北部和德国源自中世纪的手写稿上具有日耳曼－基督教特征的大写花体字首字母缩写传统，也具有独特的风格。这种缩写首字母的书法传统一直延续到了现在，异教和基督教装饰美学中的文化历史传统也影响着现代的文字设计理念。

从书法艺术的历史可以看到，羊皮纸或普通纸张等特定的书写材质相对更适合用来进行书法创作，而另一方面，也有充分的事例表明，在进行书法创作时也可以用坚硬的材质来表现文本顺序和图像造型（如迈锡尼的花瓶画）。阿拉伯书法在欧洲文化史上留下了独特的踪迹，而且是在持久稳定的材质上，也就是在格拉纳达王国摩尔人统治者设计的城堡内，出现在柱头和瓷砖上的阿拉伯书法。在阿拉伯，书法的历史要比伊斯兰教更加久远，在阿拉伯南部曾发现过成千上万份铭文，这些源自公元前 8 世纪及公元初年的字体具有成熟的美学风格。而其中最富创造性的文字形式便是萨巴方言，一些学者认为，萨巴文字是阿拉伯最美的文字。

第五章

字母的胜利 —— 从西奈文字到拉丁文

字母文字是在文化交流活跃的地区产生的，也就是近东地区，这里曾受到三种重要文明的影响。该地区北至叙利亚，南到西奈，同时还包括约旦西部，是一个古老的文化交流中心，是南北商路和东西贸易通道上一个具有特殊地位的交通枢纽，也因此该地区受到了各种文明的辐射影响。

公元前2世纪，若干文字体系在该枢纽地区得到了广泛应用，而另一些文字体系也同样广为人知。其中就包括巴比伦楔形文字的语素音节变体，埃及文字（象形文字、僧侣文）的语素音段变体，音节化的比布鲁斯文字，以及古爱琴海音节文字的变体（语素音节线形文字

A 和线形文字 B，纯音节的塞浦路斯－米诺斯文字，莱万托－米诺斯文字和塞浦路斯音节文字）。在最古老的字母文字产生的过程中，均受到了上述文字体系的书写原则或文字形式（或两者兼有）的影响，但当时用来书写卢威语的安纳托利亚象形文字在此过程中却没有发挥任何明显的作用。

仅从组织形式来看，字母文字书写方式有别于其他书写原则的最重要体现便是该地区古老的表音文字书写方式。埃及音段文字使用的是单辅音字符（见插图 3），在对其进行范畴界定时，"埃及字母"这种非正式说法也是相对合理的。但单辅音字符并不是独立的文字体系，而是音节书写机制中不可分割的一部分，该机制还包括了双辅音字符和多辅音字符。

一些古老的文字影响了字母的发展过程，其不同的书写组织原则也同样影响了字母的组织原则。在书写单辅音字符时，以及在字母文字最关键的书写组织原则中，遵循的是发音和文字之间一一对应的原则，而在文字史上，埃及单辅音字符首次系统地用到了该原则。而且这一原则同样适用于书写楔形文字，尤其是在运用特定符号把元音写成音节载体时（去掉辅音）。塞浦路斯文字体系和字母文字一样，都是以纯表音书写方式为基础的，也就是没有当时其他文字中典型的词符组成（使用限定词和语素文字）。

一、字母文字在近东地区的最古老变体

在叙利亚和西奈两地中间的文化圈中，外来的文字体系不仅广为人知，而且人们还对此做了地域化适应，比如公元前 15 世纪时，楔形文字就出现了转型，根据字母文字的原则，楔形文字开始标记单独字母，在叙利亚海岸的港口城市乌加里特，人们使用的就是这种经过特殊改变的楔形文字，并称之为"乌加里特字母"（插图 4）。乌加里特语原本是西北地区闪米特族的古老语言，当时人们书写乌加里特语时除了使用楔形文字及其传统音节文字之外，还会使用当地独特的字母文字。乌加里特字母中的字符看起来和楔形文字相似，却具备字母的价值。

近东地区是多文化汇聚的区域，不仅传统文字体系及字母的各种变体在此处共存，同时，这里还出现了新的、具有地方特色的文字体系，其基础就是传统的音节书写方式，比布鲁斯文字就是其中一个典型的例子。这种音节文字非常有意思，其一是因为其文字符号借用了古爱琴海地区的音节文字，同时还包含了当地的字母文

插图4：乌加里特楔形文字，文森特·拉莫斯
（Vincent Ramos）

字；其二则是因为比布鲁斯文字是用来书写腓尼基语的最古老文字体系。对于欧洲人而言，腓尼基语是因为另一种文字体系而广为人知的：希腊文字就是由腓尼基字母派生而来的，而后者则在公元前2世纪末期被比布鲁斯音节文字给取代了。

尽管人们对字母的起源已经进行了深入研究，但迄今为止，还未对其神秘性做出充分解释，因为促使人们在实际生活中使用字母书写原则的动因和源起都不是地理因素或个人因素决定的。字母文字体系曾在不同时代出现在近东的不同地区。西奈文字出现在公元前 1700 年，乌加里特字母出现在公元前 1500 年，而腓尼基字母则源于公元前 1100 年。字母的符号数量和分布情况在不同区域的文字中各不相同，因此就不可能虚构出一种原始闪米特字母，并将之作为古老字母的原型。同时，对于那些最先开始尝试字母书写原则并主导了该文字体系发展方向的学者、作家、书写者等人，我们也一无所知。

有人推测，字母的出现和文化历史上某些伟大人物有关，其中最大胆的猜想便认为《圣经》中的摩西最有可能是西奈文字的创始人，同时，也是他创造了字母。但从诸多方面来看，这种论点是站不住脚的。首先，最古老的字母铭文源自公元前 1700 年左右，要比摩西生活的公元前 13 世纪早好几百年；其次，《圣经》里也丝毫没有提到作为文明创始者的摩西曾创造过文字，如果真有此举，《旧约》里面肯定会特别强调先知的这一伟大成就。

不过可以确定的一点是，最初开始使用字母原则书写的人肯定熟悉埃及的文字体系。只有埃及文字的书写过程才遵守截头表音法，也就是字母同时是整个单词首个音素的缩写，而楔形文字或爱琴海地区的书写传统中则没有这一原则。人们在西奈发现了以埃及书写方式为参照的文字，这也是除埃及以外符合截头表音法和单辅音原则的最古老文字。在沙拉别艾卡丁附近的一座历史悠久的绿松石矿山出土的石柱和陶器上，人们发现了最古老的西奈铭文，并认为这就是西奈文的雏形，而且确定其源自公元前 1700 年左右。这种铭文共由 23 个单一符号组成，其语言形态属于一种古老的西部闪米特语，而且这种原始西奈文字中的若干符号显然和埃及文字有着类似之处，因此，我们完全有理由假设，西奈文字是从埃及文字派生而来的，而这当中的其余符号则显然有另外的起源。

在巴勒斯坦的西科姆、基色和拉吉，人们也发现了有着类似文字书写风格的铭文残篇，其语言也是古代一种西部闪米特语的变体，也就是迦南语雏形。古老的字母文字并未出现在当时一些重要的文化中心，而且一开始字母文字书写的是在文化上不太重要的语言变体，这就表明，在当时，没有任何古文明的语言及其文字体系具有充分的吸引力并足以在西奈和巴勒斯坦地域以绝对优势改变当地书写形式的初始发展过程。

在西奈文最古老的铭文中已经明显出现了字母原则，每一个字符标记的都是单个发音，但只书写辅音，而不标记元音。同埃及象形文字和楔形文字相比，以字母原则为基础的书写方式显然要简单许多，因为表意文字的数量是非常有限的，而且这种书写方式不再使用语素文字。因此，文字数量也整体大幅减少，只剩下了几十个，而埃及文字却需要用到好几百个语素文字以及大量表音文字（单辅音文字、双辅音文字、三辅音文字）。从书写的简约性来看，字母书写方式显然大有可为。

在西奈文字中，个别符号遵循的是一种特殊的组织原则，也就是所谓的截头表音法。按照该原则，对某一具体对象的描摹会因为得到了抽象提升而被简化，并成为后来的字母形式，而该符号代表的则是该单词的首个辅音，在闪米特语中，该符号就可以标记这一对象本身。在根据截头表音法选取文字符号的过程中，字母文字失去了其原本的形象化意涵，简化其音值的过程本身就相当于是语义上的凝练。

不过截头表音原则却无法解释西奈文字中的其余符号，很可能当时的人们在选取这些符号时是随意以当地人熟悉的某些特定符号为依据的，同时这些符号作为图像材料本身还能满足简单的字母文字书写这一实际目的，特别是具有线形特征的符号尤其符合这一要求。文字改革者们充分发挥了其所处文明中熟悉的线形文字所具备的优势，这些线形文字就是他们的参考，为了创立一种字母文字的全新书写技术，他们充分吸收了线形文字的视觉结构要素。最古老的字母符号里就体现了这种"参考原则"，因为这些字母符号和比布鲁斯文字、古爱琴海文字具有相似性的。

我们可以认为，在选取文字符号的过程中，符号的发音标记不一定是古老文字体系的组成部分，最关键的可能是其图形形态所具备的特征，而该符号正是因为这种特征才明显有别于其他符号的，很可能这样的符号就是通过该方式发展成了不同于闪米特文字的字母。因此，这些符号也没有闪米特语名称，比如像闪米特字母 he、het、tet 和 çade。同时我们也可以推测，人们会通过再度利用特定线形符号的形式将其同闪米特单词关联起来，而在确定其语音发音时，参考的则是截头表音法。

以上叙述了人们为了构建一种新体系而充分利用古老文字符号的过程，这种情况也出现在了另一些地区创造文字的历史上。比如在努比亚，人们为了创造一种新的文字体系来书写麦罗埃语，便借鉴了埃及象形文字和通俗文字中的符号。科普特文字由希腊文字和埃及通俗文字构成，而西里尔文字 —— 南斯拉夫语和东斯拉夫语就是用该文字来书写的 —— 则结合了希腊文字、部分希伯来文字以及古希腊诺斯替派的神秘符号。

字母文字的功能在其发展的早期阶段就已经出现了社会化分支，最古老的西奈铭文是写在祭品上的（比如用砂石做成的一具狮身人面像上）。用文字来确定神祇的姓名及其象征性是具有特殊意义的。虽然尚无法从字面上破译用西奈文字书写的大部分长篇铭文，但它显然是和宗教有关系的，在巴勒斯坦地区发现的迦南语雏形铭文中的内容也与之类似。乌加里特楔形文字字母以其拥有大量文字符号的一种古老变体和拥有少量符号的一种年轻变体而出名，这种字母多出现在一些神话、宗教仪式措辞以及行政管理资料中。

乌加里特楔形文字字母还流传下了两份字母表，它们分别以不同的排序罗列了字母符号。发掘自乌加里特的字母表内涵盖了 27 个主要符号，其中辅音序列符合古闪米特语的排序规则，并且和后来的腓尼基字母和希伯来字母中的顺序一致（即 Aleph、b、g、d……）。而在贝特谢梅什发现的字母表中，符号（29 个主要符号）的排列顺序却不同，其遵循的是南阿拉伯地区的字母排序（即 h、l、h、m……）。乌加里特字母也是目前所知该文字类型中最古老的完整符号序列，但字母书写方式却要更加古老，这从西奈铭文中就可以看出来。在乌加里特发现的字母名称没能被保留下来。

贝特谢梅什字母表中的字母排序表明，字母文字在南阿拉伯的分支和乌加里特 – 巴勒斯坦地区的分支一样古老。在巴比伦以及亚喀巴海湾附近的埃拉特出土的公元前 8 世纪和前 7 世纪的文章中，其文字风格显示出了迦南语雏形和南阿拉伯古老文字变体之间在历史类型学上是有关联的。而在南阿拉伯文字中，最重要的代表便是埃塞俄比亚文字和赛伯伊文字。

在最古老的文献中，文字的书写方向是不确定的。西奈铭文的书写方式既有从左向右的，也有从右向左的 —— 此外，还有从上到下垂直书写的。而在乌加里特发现的文字则大部分都是从左向右写的（和古希腊文字书写方式一样），但也有一些是从右向左的。源自公元前 500 年的最古老的南阿拉伯语文章中的书写方式则以其符合古风时期希腊语的写法而出名，也就是右行左行交互书写的牛耕式转行书写法（顾名思义，就像是牛在耕田），文字方向随着字行而改变，而第一行字既可以是从左向右写的，也可以是从右向左写的，只需要第二行字的方向和第一行相反。直到公元前 2000 年末期，随着古腓尼基字母的出现，闪米特语中从右向左的书写传统才得以确定下来。

二、腓尼基字母

　　腓尼基语是古代闪米特文明各种语言中最重要的一种，其文字书写的早期阶段拥有三种不同的体系：比布鲁斯音节文字（比布鲁斯文字），乌加里特楔形文字字母（在黎巴嫩塞布雷塔发现的文章），以及一种拥有 22 个字母符号的字母文字变体，即举世闻名的"腓尼基"字母——和比布鲁斯文字一样，最古老的腓尼基字母形式也出现在港口城市比布鲁斯。可见，该地区在字母文字的成形和推广过程中曾起到了举足轻重的作用。在这三种文字书写体系中，乌加里特体系因所谓的"海上民族"的入侵而遭到了破坏（公元前 1200 年），腓尼基字母随之便成了该海滨地区最重要的文字类型。

　　早在公元前 1500 年左右，腓尼基文字就已经进入了早期发展阶段，但该时期流传下来的铭文却寥寥无几。腓尼基文字的传统书写风格出现在公元前 1050 年左右，而且是在比布鲁斯阿西雷姆国王石棺的碑文上。公元前 1000 年左右，随着腓尼基文字的不断发展，除了腓尼基集居区之外，近东和地中海地区也开始接纳这种文字，而腓尼基语的内部也发生了转变，其书写风格出现了变化。在腓尼基文字的各种地域变体中,就包括迦太基语。作为一种较年轻的语言形式,迦太基语和古老的腓尼基语之间的关系就类似于腓尼基文字迦太基变体同它在近东地区的古老基础文字之间的关系,在腓尼基文字的后期发展过程中也出现了斜体字。

从北部的安纳托利亚到西部的撒丁岛,从东部的美索不达米亚到南部的巴勒斯坦,很多地方都曾发现过腓尼基文字,包括在塞浦路斯和克里特岛上都保存有腓尼基铭文。从公元前 500 年左右开始,地中海西部地区就处于迦太基海军的势力范围内,腓尼基文字中的迦太基变体也出现在了北非、西班牙南部、法国南部、巴利阿里群岛、西西里亚和马耳他等地区出土的铭文上。从文字遗迹分布的广阔地理范围就可以看出,当时的腓尼基人和迦太基人已经构建了一张庞大的文化交流网。

在当时,地中海地区的人们都是自愿接纳腓尼基文字的,唯一的动因便是这种新书写方式的崇高地位。这也形象地表明了地中海地区的人们最初在接纳字母文字时完全是出于文化交流的原因,而没有受到任何政治权威的影响。当时腓尼基人的文化交流及其文字输出和后来罗马帝国在各行省推广拉丁语字母是不同的,同时也有别于 16 世纪以后欧洲人在非洲、美洲、亚洲等地因奉行殖民扩张政策而强制在当地推行拉丁文的做法。

三、腓尼基文字在欧洲的推广

腓尼基人在地中海东部地区和塞浦路斯、克里特、爱琴海各岛屿之间都有着密切的生意往来，除了距离近之外，还因为腓尼基商人们走的是当初由米诺斯人开辟、迈锡尼人频繁使用过的航线，而且在迈锡尼海军势力没落之后，腓尼基人更是垄断了该地区的贸易。早在公元前 20 世纪末期，他们就和塞浦路斯及克里特岛有了密切往来，至少在公元前 10 世纪末，克里特岛上的人们就已经认识了腓尼基文字，目前发现的该岛上最古老的腓尼基铭文便来自这一时期。从之后发现的文字可以判断，克里特地区可能是欧洲最早接受腓尼基文字的地区。

一般我们认为爱琴海地区对腓尼基文字的接纳是希腊文明发展中一次重要的革新过程，但当时地中海东部的文化交往其实相当复杂。我们会好奇希腊商人为何需要用到文字，而在没有主流文字的几百年间，贸易往来又是如何运作的。而且，目前保留下来的最古老的以字母方式书写的希腊语文献并不是商务协议、货物清单或其他商业文本，而是碑文、祭文和史诗残篇。贸易往来这一经济前提本身并不足以解释古希腊人早期接纳这种文字发音和书写方式的史实。

不过克里特岛上的文明发展趋势却真正促进了文字的实际运用。按照原来的观点，人们认为公元前11世纪多利斯人占领克里特岛后，岛上米诺斯与迈锡尼互相交融的文明早已被他们彻底消灭了，但最新的考古研究表明，希腊－米诺斯文明曾在克里特岛上有过共同发展，而承担这一发展进程的则是原克里特人（米诺斯人的后代）、迈锡尼希腊人以及多利斯移民。在当时的克里特岛上，流行的还是前字母时期的书写方式（线形文字A和线形文字B），而塞浦路斯的希腊人则习惯于用一种塞浦路斯音节文字来书写自己的语言。传统上我们认为迈锡尼文明没落之后，希腊进入了"黑暗时代"，但这不过是一种刻板印象，并不适用于克里特岛，也不适用于受希腊文明影响的塞浦路斯。在克里特岛这样一个受多元文化影响的地区，完全可能会在最新的书写技术（即腓尼基字母）的基础上，出现一次书写形式的革新。

公元前10世纪，最迟公元前9世纪，克里特岛上出现了最古老的字母，可以肯定的是，在这一字母的产生过程中，定然有原克里特人和希腊人参与其中，因为以这种新文字书写的最古老铭文里就有原克里特文，这是一种非希腊语言。正是克里特岛上活跃的文化交流促进了首个完整字母（字母不仅可以标记辅音，同时也可以标记元音）的产生，但这并不仅仅是因为希腊人的参与，虽然后来他们认为这全是自己的功劳。

可能当时在爱琴海地区的其他岛屿上也有人开始使用这种新的腓尼基文字书写形式，但其中最关键的突破应该还是发生在克里特岛上，因为人们就是在这里发现了目前为止拥有完整字母文字的最古老文物，而且这些文字还标记出了元音。同时，这里还流传下来一种腓尼基字母的古老书写方式，即"Jodh"，在希腊地区的其他地方都没有这一书写形式。腓尼基辅音字母拓展到能书写元音音素，这就意味着书写技术实现了进一步的细化，而同时，这种细化也是用来解决文字在书写某种不同于腓尼基语的发音结构时产生的个别适应问题。

字母的排列顺序原本只适用于特定的腓尼基语，但在原克里特语和希腊语中出现了一些陌生的音素，于是便在这些位置填入了元音，而特殊的辅音和半辅音也通过这种方式和希腊语中的元音结合了起来，比如"Aleph"变成了"Alpha"，"He"变成了"Episilon"，"Heta"变成了"Eta"，"Jodh"变成了"Iota"，"Ajin"变成了

"Omikron"。原克里特和希腊字母的革新中还包括了"Phi""Khi"和"Psi"这几个辅助符号，无论是在腓尼基文字中，还是在近东地区的其他文字变体中，起先都不存在这几个符号及其雏形。这几个符号都是参考了古克里特线形文字体系中的字符后被吸纳进字母序列内的。

在多元文明交汇的克里特岛上首次出现的字母文字是用来书写希腊语的一种创新技术，这一点是众所周知的。而用字母来书写原克里特语的传统虽然与之同时出现，但却一直只局限于克里特岛上，而且其使用时间也仅仅局限在若干世纪内。写有原克里特语的最新文物源自公元前 3 世纪，而且是来自东克里特岛，随后，这一语言便消失了。

克里特岛上的人民创造并完善了完整的字母，这种字母同希腊语之间的关联更是成了地中海地区的热门文化输出物，而且其影响范围不仅仅局限于此，最早使用这种新书写技术的非希腊人是伊特鲁里亚人，他们可能是因为和埃维亚岛的贸易中心卡尔基斯有密切交流而接触到了这种文字。公元前 7 世纪末期，拉丁人通过伊特鲁里亚人接触到了这种文字书写方式。当时拉丁人还只是意大利一个无足轻重的民族，他们在和帝国首都罗马的文化交流过程中学会了这一字母文字。几百年后，这些拉丁人的后人，也就是罗马人，将其文化成就带向了全世界，其中也包括他们的文字。

在罗马帝国强盛时期，骄傲的罗马人可不愿承认自己是从邻居伊特鲁里亚人那里学会这种书写技术的。功成名就之后，还有谁会记得自己的老师呢？但事实却是，罗马人的书写方式从一开始就受到了伊特鲁里亚人文化的影响。伊特鲁里亚人也因为自身的渊博学识和较高的教育水平被现代的考古学家们称作"博学民族"。从公元前3世纪流传下来的文字记录中，只有9份拉丁语铭文，而伊特鲁里亚语文献却有上千份。

在前罗马时代，随着腓尼基人和迦太基人同伊比利亚半岛人民之间的直接往来，文字也被输出到了此地。在公元前4世纪末期的铭文中，伊比利亚文字和腓尼基文字的原型之间存在着明显的关联，但同时也可以从中看出伊比利亚文字也受到了来自东北部地区的影响，该地区的希腊殖民地安普利亚斯的城市化生活方式深受伊比利亚人的推崇。在伊比利亚文字中可以看到希腊书写方式的痕迹，特别是其中特定辅音符号和元音音值之间的关系完全符合希腊字母的典型排列规则。

伊比利亚文字的特殊之处则体现在其额外拥有的音节符号上，目前尚不清楚这种音节符号是和某种古老文明中的基础语言有关，还是当地的一种创新文字，但从文字史角度来看，这是回归到了音节文字所遵循的一种古老书写原则上。不久之前，有人试图确认伊比利亚语使用的音节符号的起源，伊比利亚音节符号类似于塞浦路斯音节文字，当地人很可能是通过塞浦路斯海员和商人接触到这种文字体系的，这些人和腓尼基人合作，在地中海地区从事贸易活动，随之也把自己的文字体系带到了地中海西部。

伊比利亚文字又可以细分为南部（巴斯图罗 – 塔特索斯文）以及北部（伊比利亚文）变体，它不仅被用于书写伊比利亚语，同时也用于书写伊比利亚半岛上分布广泛的凯尔特 – 伊比利亚语，这是被伊比利亚文化同化的凯尔特人使用的一种语言。在南部地区流传下来的铭文上，伊比利亚文字是从右向左写的（和腓尼基语以及迦太基语一样），而北部地区则是从左向右写，可见该地区的文字书写方式受到了希腊文字的影响，从公元前7 世纪开始，希腊文字便是从左向右书写的。

四、腓尼基文字在近东地区的推广

伴随着文化交流，腓尼基文字不仅通过海路输出到了西方，同时在内陆地区也得到了发展。腓尼基人的闪米特邻居，也就是南部的希伯来人（从种族发展来看，他们就是公元前 7 世纪到前 5 世纪出现的犹太民族的祖先）和东部的阿拉米人，他们也采用了腓尼基文字并用它来书写自己的语言。包括摩押人使用的也是腓尼基文字，但与之相关的只有一份文字记录流传了下来，也就是源自公元前 9 世纪的米沙王石碑。

直到公元前 5 世纪，希伯来人主要使用的都是古希伯来文字，大部分古希伯来铭文都源自公元前 8 世纪到前 7 世纪，其中包括在耶路撒冷发现的西罗亚铭文（公元前 700 年左右）。当时，撒玛利亚人也开始使用和耶和华偶像崇拜相关的当地特殊文字形式 —— 也就是用一种古希伯来文字 —— 来书写自己的语言，这种语言是阿拉米语的一种变体。在随后的几世纪内，人们依旧在使用古希伯来文字，但其范围却局限于铸币文字上（公元前 2 世纪；公元 1 世纪和 2 世纪）。在犹太教教团库姆兰会社的圣经篇章中保留了古希伯来文字的远古功能，也就是用来书写神之名耶和华，为了在视觉上有别于篇章中的其余文字，这一名字在其中是以方体字形式出现的。

公元前 722 年，亚述人入侵了希伯来人的北部王国——以色列，许多希伯来人随之被驱逐到了美索不达比亚内陆地区。公元前6世纪，北部王国的希伯来精英，也就是犹太人，被驱逐到了巴比伦。在被困巴比伦期间（希伯来语称之为"galut"），希伯来人直接接触到了阿拉米语、阿拉米文字和文章。在当时的大城市巴比伦，随着上述跨文化交往，希伯来人接纳了阿拉米字母，并根据这种字母符号塑造了典型的方体希伯来字母。《旧约》中最古老的部分都是用古希伯来文字写的，但后面的部分却都是用这种方体字写成的。希伯来文字中用点和线来系统地实现元音化的过程是在之后（公元5世纪）才出现的，从那时候起，对犹太人来说，希伯来语在口语上就成了一种外语。

犹太人主要用希伯来语从事犹太教相关的宗教活动，但信奉犹太教的并不只有犹太人。公元8世纪，可萨人开始信奉犹太教，他们把方体希伯来字母同希伯来语当作宗教语言。可萨人是生活在高加索北部地区的一个土耳其民族，他们控制着丝绸之路的西北线路，当时生活在克里米亚半岛上的卡拉伊姆人也是他们的臣民，卡拉伊姆人几百年来都信奉犹太教。到了中世纪，同属土耳其民族的卡拉伊姆人迁居到了乌克兰和立陶宛，第二次世界大战之前，他们开始用希伯来文字来书写自己的语言。

　　用阿拉米语记录的文献数量要比古希伯来文字记录的更多，主题也更加丰富。大部分古代文献都可以追溯到阿拉米语作为近东和中东地区各王国官方语言和公文体语言的时期，也就是公元前 700 年到前 200 年间。包括在随后的时代，中古阿拉米语通常也会被用作书面语言并且以各种地域化变体的形式作为口语而存在。死海古卷（昆兰书卷）中的部分篇章就是用中古阿拉米语写成的。在阿拉米语发展的后期阶段，人们用了六种不同的变体来书写该语言，而这六种变体是以巴勒斯坦和美索不达米亚之间的区域内出现的地方方言为基础的，其中一种在巴勒斯坦出现的阿拉米语书面文字变体因其文化的特殊性而可以细分为犹太教巴勒斯坦变体和基督教巴勒斯坦变体。

　　古腓尼基语以及古希伯来语的文字变体较为保守，与之不同的是，阿拉米文字发展出了一种不同于该文字历史原型的斜体书写方式。在帕尔迈拉和纳巴泰，阿拉米斜体文字被用作碑铭字体，而在其他地方，它主要是被写在莎草纸和皮革上的。源自公元前 6 世纪至前 3 世纪期间且保存良好的大部分莎草纸都来自埃及（赫尔莫波利斯、象岛、阿尔沙姆）。

古希伯来文字和阿拉米文字都拥有自身的独特之处，这些特点都是腓尼基文字所不具备的。除了辅音之外，这两种文字还会用到不同的元音，在阿拉米文字中，包括中间音以及结尾音的元音，而在古希伯来字母中，元音会被写到词尾音上，而且会借助辅音符号 h 来书写元音 /o/、/a/ 或 /e/，字母 w 会用来书写 /u/，而 y 则用来标记 /i/。但无论是在古希伯来语还是在阿拉米语中，都没有一直延续这一字母文字的元音化过程，就这一点来看，这两种文字体系就有别于希腊字母文字，后者实现了系统的元音标记。另一方面，近东地区人民在书写形式上的这种视觉技术尝试也表明，和欧洲地区一样，元音标记都被人们看作是对书写传统的一种理想延展。

五、文明世界的语言和基础文字对推广字母原则产生的影响

超越某一特定语言共同体或地域团体的狭隘界限，把某种文字体系推广到其他文明的过程，从一开始便是保持文字书写技术连续统一性的一大要素。在推广某一文字的过程中，最关键的并不一定是作为某一文明代表并使用该文字的人，而且人类所创造的成就本身可能就

是基于这种文字所书写的语言。历史上的一些事例表明，个别文字体系和一些闻名世界的语言之间存在着密切关联，而且会极大地推动文字书写形式的推广过程。作为阿卡德语视觉表现形式的巴比伦楔形文字便和这种文明世界的语言有着密不可分的关系，近东的许多地区都受到了这两种文明的承载者所带来的巨大影响。

楔形文字有无数分支，其中包括埃兰语、胡里安语、赫梯语、乌拉尔图语、古波斯语等变体，它们都源自同一种特定的模型，而该模型就相当于一种基础文字。在诸多楔形文字的派生文字中，这一模型便是阿卡德基础文字。在字母出现之前，其他基础文字还有克里特岛上的线形文字 A（塞浦路斯音节文字体系和线形文字 B 都是以此为基础派生出来的）、埃及文字（麦罗埃文字是以此为基础发展形成的）以及汉语语素文字体系（日语音节文字、越南语的喃文字体系和朝鲜语中的汉字书写方式都是从该体系的汉字符号中派生而来）。

字母文字的派生潜能也是以基础文字及其代表的文明世界所持语言具备的共同辐射活力为基础。以腓尼基文字为基础派生出来的具有地域特色的文字本身也发展成了重要的文明承载者，比如欧洲的希腊文字、伊特鲁里亚文字和拉丁文字，以及近东地区的古希伯来文字、阿拉米文字和后来的古阿拉伯文字。基础文字会带来一种独特的、个体化的辐射活力，这种影响力可能会局限在某一地区，比如古希伯来文字，从该文字派生出来的现存分支只有撒玛利亚文字。而另一些基础文字的派生潜能却是非常巨大的，比如希腊文字，就直接或间接地派生出了好几十种文字体系。

因此，基础文字的定义本身是基于其原则上具备的派生潜能，而不是其在文字类型上的独特性、地理上的影响范围或其派生出来的文字变体数量。拉丁文字既不是一种独创文字（比如腓尼基文字），而且一开始也没有得到大范围的推广。最初，拉丁语只局限在拉提姆地区，不过如今 —— 从它在五大洲的几百种地域化变体来看 —— 它却成了有史以来最成功的基础文字。而且就其演变风格来看，拉丁文字也是历史上最富创造力的文字。

虽然文字体系和某一特定文明的语言之间所存在的关联是促使文字派生出变体的一个关键前提，但这并不意味着此关联就一定会推动潜在的派生过程。语言的简约要素也决定了派生过程的产生方式以及该过程的具体发展方向。字母变体（约公元前 1000—前 500 年）直接或间接地源自腓尼基文字，在当时推动该过程的自然是字母作为一种现代书写技术的声望，字母文字在当时的推广过程中基本没有受到政治权力的影响，通过希腊人和伊特鲁里亚人的推介，字母文字出现在了意大利，而通过阿拉米人的推介，波斯和印度也接触到了字母文字。

在亚洲的各种文明中，没有一种基础文字能像阿拉米文字那样拥有那么多的分支。阿拉米文字的大部分分支是印度文字。从印度文字所拥有的文字类型来看，在亚洲，这是类型最多样的一种文字。而从全世界来看，在创造性上，印度文字继拥有众多变体的拉丁文之后处于第二位。在来自中东的阿拉米文字出现在印度之前，印度雅利安人的文明几千年来都是没有文字的。从历史上来看，最古老的印度文字，也就是婆罗米文和佉卢文，同公元前 2600 到前 1800 年间使用的古印度河文明的文字之间不存在任何关联。当公元前 4 世纪印度再次出现在历史舞台上时，推动其文字发展的动力并不是来自当地的历史传统，而是来自外部。

佉卢文的名称源自其神秘的创造者，尽管从铭文上来看，佉卢文出现在婆罗米文字之后，但其书写风格要比后者更接近阿拉米基础文字的书写形式。从公元前 3 世纪开始就有人使用佉卢文，且其范围局限在印度西北部和中亚地区。佉卢文不仅会被用来书写印度普拉克里特语（中印度时期各种语言变体的总称），而且也会被用来写一种伊朗语言变体，也就是巴克特里亚语。早在中世纪早期（公元前5世纪）就没有人再使用佉卢文了，而且该文字也没有派生出任何如今尚在使用的分支。现代曾使用或正在使用的所有印度文字——其涉及范围除了印度之外，还包括南亚的其他地区（斯里兰卡、孟加拉国、缅甸、柬埔寨、泰国、老挝、越南、马来西亚、印度尼西亚）及菲律宾（民都洛岛）——都可以追溯到古老的婆罗米文字，目前发现的最古老的婆罗米文记录源自公元前4世纪。

作为基础文字，婆罗米文产生了若干颇具生命力的文字变体，这些文字本身也具备了次级基础文字的功能。这种早期次级基础文字中最古老的一种便是出现在公元4世纪的吉普塔文，随着丝绸之路南侧各地区的文化交往，该文字在中亚得到了推广，派生出来的地域分支文字则被用来书写塞卡语和吐火罗语，包括回鹘语也是用吉普塔文的一种变体书写的。公元7世纪，吉普塔文字派生出了一种新的变体，即那格利文。从公元11世纪开始，这种文字便被称作天城体，而天城体也在历史发展过程中慢慢地成了分布最为广泛的印度文字。直到如今，梵文都是用天城体书写的。天城体文字的变体还被用来书写印度次大陆上的一些现代语言，比如印地语、尼泊尔语、马尔瓦里语、古吉拉特语、冈德语等。

在印度和东南亚的商业往来中，传输的不仅仅是印度的货物，同时也把印度的文化财富运往了东南亚，其中就包括佛教以及相关的佛教建筑、宗教用语和婆罗米文字。东南亚地区目前最古老的铭文是越南南部（庆和省）发现的一块公元 3 世纪的石碑上的文字，当时该地区正处于占婆文明的繁盛期。公元 4 世纪和 5 世纪流传下来的文献都是用占婆语和梵语写成的，这些文献同样是在越南被发现的。

东南亚其他地区对婆罗米文的接纳情况和在越南类似。开始，当地人用梵语或巴利文记录宗教篇章，随后，这两种语言也慢慢地被用来书写当地语言。在梵语的适应过程中，其原本的文字符号发生了一定的改变，字形也产生了变化；通过这种方式也产生了一些独立的当地文字，人们用这些文字来书写缅甸语、僧伽罗语、高棉语、孟语、泰语、老挝语、占婆语、古马来语、布吉斯语、爪哇语、巽他语、巴厘语等。在地理位置上，离婆罗米文起源地最远且用印度文字变体来书写本族语言的语言共同体便是菲律宾群岛上的奥斯特罗尼西亚人。16世纪时，随着西班牙人的入侵，当地的大部分文字都被强制改成了拉丁文，包括塔加路族语，但在一些偏远地区，直到 20 世纪，还有人在使用印度文字，比如民都洛岛上的哈努诺人和布希德人，以及巴拉望岛上的塔巴努亚斯人。

从印度文字在东南亚的传播及当地语言对印度文字的接受中可以看出，基础语言所具备的声望和潜能在其推广过程中起到了举足轻重的作用。基础文字的传播过程会受到其声望的影响，这是世界多地 —— 包括东南亚和其他地区 —— 众多具有地方特色的文字在其产生过程中所体现出来的典型特征，同时这一点也体现在拉丁语在中世纪欧洲的传播过程中，以及南斯拉夫人和东斯拉夫人对西里尔文字的接纳，东欧和西亚伊斯兰化的土耳其民族接受阿拉伯文字的过程。20 世纪 20 年代，苏联（也就是在斯大林统治下的中央集权制尚未干涉到苏联文化生活的时候）曾提出大力推广拉丁语的语言政策，和后来在政治权力施压下非俄罗斯语言被迫采用西里尔字母不同的是，该政策是一种相对民主化的象征，是符合列宁主义的理想追求的，因为拉丁文字象征着进步，而引入拉丁语就意味着在东方文明中创造了一次文化革命。

但在罗马帝国推广拉丁文字以及 16 世纪欧洲在全

世界推行扩张政策并推广拉丁文的过程中，处于主导地位的却是政治权利上的利益，西班牙入侵者在中美洲强制推广拉丁文就严重破坏了当地的原有文明。欧洲人在非洲和亚洲执行的殖民政策奉行的便是古老的政治权力原则——"教随国定"，其文化政策也推崇这一拥有悠久历史的"有效"原则，将之改成了"语言和文字由国家确定"。拉丁文字随之便在殖民地区扎根了，因其影响实在太过深刻，如今，许多地方已经离不开拉丁文了，越南文字书写方式的发展过程就体现了这一事实。拉丁文取代了汉字及其在越南的变体，即使越南人民强烈反对殖民政策及其语言政策，但无论是在越南南部还是北部，拉丁字母及其在当地的各种变体都成了书写越南语的载体，这一点也集中体现在所有越南人的文化认同性上。

六、欧洲和亚洲创造的孤立字母

在人们尝试用字母文字来书写语言的过程中，最有趣的还是一些地域化文字的创造过程。这些文字并不属于任何基础文字的分支，而是完全或主要以当地人的创造为基础的符合字母书写原则的字母文字。这些典型特征在爱尔兰的欧甘字母、日耳曼的卢恩文（见第6章）、高加索的亚美尼亚文字、格鲁吉亚文字、斯拉夫最古老的格拉哥里字母、欧洲东北部科米人的古奇良语（见第6章）、朝鲜半岛的朝鲜语体系中都有体现。这些独创文字分别以各种特殊的形式受到了当地文化的影响，而且其使用范围也只局限在该地区，从时间和空间上来看，这些文字的发展过程都是独立的。唯一的例外便是高加索的文化发展史，在该地区被基督教化的早期阶段，亚美尼亚和格鲁吉亚之间曾有过密切的往来。

流传在爱尔兰、威尔士、苏格兰和马恩岛的欧甘字母是一种由线条（代表辅音）和点（代表元音）组成的、形成于基督教时期以前（也就是公元5世纪之前）的文字体系，它可能借鉴了拉丁文的字母功能。如今发现了大约360块以欧甘字母写成的石碑，其中大约300块是在爱尔兰发现的，其余的则分布在凯尔特人生活的其他地区，原始爱尔兰语中的一些早期文字记录经确定出现在公元前3世纪。或许一开始欧甘字母是巫师们发明出来的一种神秘文字，但后来，这种字母也渐渐地成了铭刻碑文时的首选文字。欧甘文字在后期适应了基督教对书写形式的需要，直到公元7世纪，该地区通用的除了拉丁文之外便是欧甘文字了。

从叙利亚开始，高加索地区经历了基督教化，在此过程中，亚美尼亚（从公元 5 世纪初开始）和格鲁吉亚（从公元 5 世纪中期开始）的文字书写文化也得到了发展。亚美尼亚文一共由 38 个字母构成，该文字的创造者是美斯洛普——这是该地区的首位主教，他同时也是亚美尼亚宗教文献的首位记录者。根据亚美尼亚和格鲁吉亚流传下来的传说，美斯洛普也是格鲁吉亚文字的创造者，正是他创造了两种古老的格鲁吉亚字母变体，其一是同样拥有 38 个字母符号的小草体字母（"牧师的文字"），而另一种骑士体字母（"战士的文字"）则是后期才发展形成的，直到公元 13 世纪才开始通用。

我们可以在格鲁吉亚字母中发现它与希腊字母组织原则之间存在的关联，特别是在字母的排序及字母的数值上。但格鲁吉亚字母本身并没有受到希腊语或叙利亚语的影响，一部分由独立创造的字母形式构成，另一部分则借用了该地区现有的古老文字符号。与之类似的是，亚美尼亚字母也源自两种不同的构成（自由创造的字母和借鉴当地原有符号）。

格拉哥里字母是斯拉夫人使用的最古老文字，是由希腊传教士康斯坦提诺斯（后来被称为圣西里尔，827—869 年）创造的。有很多人曾多次试图在格拉哥里字母同公元9世纪的希腊全小写文字之间找出关联，认为后者是其借鉴的对象，但目前尚未有充分证据表明这种字母的起源是受到了希腊字母的影响。因此，在一定程度上我们可以把格拉哥里字母划分为原创文字。这种文字最初是为了把《圣经》翻译成古斯拉夫语（也就是古教会斯拉夫语）而发明出来的，一开始使用格拉哥里字母的是摩拉维亚，随后在西保加利亚和克罗地亚也开始通用起来，不过可以确定的是，近代可能只有在克罗地亚的教会文献中才会用到格拉哥里字母。到了15世纪，格拉哥里字母也出现在了印刷品中。格拉哥里字母是西里尔创造的唯一一种文字，西里尔文字的符号体系则是由西里尔的一位学生，也就是来自奥赫里德（今马其顿）的圣克莱蒙创造的。显然，圣克莱蒙是为了表示对尊师的敬意，故而将这种文字命名为西里尔。西里尔文字是希腊文字的分支，而且还是9世纪全大写希腊字体的一种分支。

15世纪40年代出现的朝鲜文字也是一种独创字母文字，在此之前，当地人们书写朝鲜语时使用的是一种借用了汉语的特殊书写形式，也就是吏读文字。朝鲜语具备黏着型的语言结构，和孤立的汉语有着明显区别，由于朝鲜语中的许多符号都有复杂的音值，因此，书写这样的语言是一件非常不容易的事。在高丽王朝（朝鲜半岛古代政权），最初提出创造一种字母文字的是世宗大王（在位时间为 1418—1450 年），在他的领导下，一个学者团体创造出了一种被称为训民正音（"教百姓以正确字音"）的字母文字变体，并在 1446 年的一份诏令中公布了这种文字。

当时的高丽人是从蒙古文字的变体中学会字母原则的，但一般认为，训民正音 —— 后来被称为朝鲜语或韩语 —— 中的符号都是原创的，没有借鉴任何已有的外来字母。不过也有人认为，有一些朝鲜语字母的外形和蒙古的八思巴文字（比如代表 /p/、/n/ 或 /l/ 的字母）类似。但朝鲜语字母在外形上显然遵循的是一种以大自然和生活经验为基础的语音原则，而这是高丽独有的（表 3）。从字母的视觉形象（线条走向、线条组合）上可以看出，文字创造者们试图形象地表现出各个音素的发音基础（比如在书写 /n/、/k/、/m/ 或 /s/ 这几个音素时）。

在字母的选择上，朝鲜文字同时也参考了汉语—朝鲜语文化环境中的特定要素，而且受到了中国传统宇宙论基本理念的影响，比如元音符号被分为三类，这和天（圆形符号）、地（水平线条）、人（垂直线条）三分的理念是一致的。

表 3

高丽的朝鲜文字部分字母								
元音				辅音		双辅音		送气音
ㅏ	a	ㅑ	ya	ㄱ	k、g	ㄲ	kk	ㅋ	k'
ㅓ	ǒ	ㅕ	yǒ	ㄴ	n			
ㅗ	o	ㅛ	yo	ㄷ	t、d	ㄸ	tt	ㅌ	t'
ㅜ	u	ㅠ	yu	ㄹ	r、l			
ㅡ	ǔ	ㅘ	wa	ㅁ	m			
ㅣ	i	ㅢ	ǔi	ㅂ	p、b	ㅃ	pp	ㅍ	p'
ㅐ	ae	ㅒ	yae	ㅅ	s	ㅆ	ss		
ㅔ	e	ㅖ	ye	ㅇ	ng 或不发音			ㅎ	h'
ㅚ	oe	ㅙ	wae	ㅈ	ch	ㅉ	tch	ㅊ	ch'
ㅟ	wi	ㅝ	wǒ					
		ㅞ	we					

元音符号

- 天圆;舌卷成圆形,低元音 (目前该元音已经消失)。

— 地平;舌放平,中元音。

丨 人直;舌头不要缩回,高元音。

辅音符号

- 木 ㄷ 火 ㅂ 土 ㅈ 金 ㅎ 水

ㄴ "舌音"，舌头接触口腔上壁，例如：n。

ㄱ "牙音"，舌根接触软腭，例如：g、k。

ㅁ "唇音"，形状类似嘴巴，例如：m。

ㅅ "齿音"，形状类似门牙，例如：s。

ㅇ "喉音"，形状类似咽喉，例如：ng（鼻音）。

七、字母文字在再现音素时的精确性

字母文字是一种矛盾的现象，从技术角度来看，跟音节文字相比，以字母原则组织起来的文字无疑能更灵活地适应任何一种语言的发音结构，但人们往往无法充分表现出字母表音时的理想状态。很多语言依旧会使用古老的缀字法，由于它在文字书写传统上的优先地位，这种缀字法并未革新（见下文）。

字母书写方式能精确地再现线形的音素序列，这是任何音节文字都无法做到的。如果以文字对发音过程的适应为标准来衡量理想状态的话，那么，字母就是最有效的书写技术，也是最接近这种理想状态的。但另一方面，在采用字母书写方式时，音节中各因素之间的关联性却遭到了破坏。因此，音节文字的演变发展阶段不仅仅是字母书写方式的一种不太精确的前期阶段——文字使用者对音节的构成方式有一种直觉常识，而音节文字的演变发展过程体现的便是书写技术和这种直觉知识之间的一种共生关系。在大部分拥有文字的文明中，人们都会以音节形式背诵格言和童谣。日本的孩童在学龄前最先学习的文字符号便是平假名体系中的音节符号，而且日语童书也都是用平假名写成的，这些孩子就是以这种顺其自然的方式熟悉母语的结构。

对语言结构的依赖性以及弱化文字的独立性，是衡量文字适应性的一大标准。在字母文字中，表音化原则实现了它的最大效用。音节文字和字母之间的过渡文字类型便是所谓的音节字母，这种音节字母在书写辅音时会考虑到不同的元音音节，印度文字和阿姆哈拉文字便是如此，音节字母受制于其书写的语言所具备的发音结构。阿姆哈拉文字中拥有 182 个字母，从数量上来看已经是相当多了，其根本原因便在于阿姆哈拉语复杂的元音体系，因此，26 个辅音符号的每一个都被细分成了 7 种基本变体。

从字母的灵活性和效应来看，其适应音素的潜力也是极大的。字母的书写方式受制于语言发音结构，这就产生了一个问题，即文字是如何应对语言在历史上的变化的。在这一方面，很多文字在其发展历史上各自做出了截然不同的应对，文字书写的语言会产生发音变化，但作为文化机制的文字本身往往并不会同其保持同步变化，比如英语 —— 尽管它在全球化时代占有主导地位 —— 就保留了中世纪以来的书写传统，和英语的现代发音相比，这种书写方式就像是一种历史文化的沉淀。比如书写的时候会用多种方式来再现 [u:] 这个音素：例如单词"two"（二）中的"wo"，"true"（真的）中的"ue"，"fruit"（水果）中的"ui"，"chew"（咀嚼）中的"ew"，"through"（通过）中的"ough"，"choose"（选择）中的"oo"，更不用说专有名词的拼写了。从这里也可以看出，如果曾经通用的字母文字标准没有根据语言发音的发展而持续进步的话，其书写技术就会暴露出明显的缺陷。

过去的三千年里产生了无数的字母文字变体，其中有若干种是极其成功的。腓尼基字母、阿拉米字母、拉丁字母、西里尔字母、阿拉伯字母、印度婆罗米文字以及一些其他字母文字都被很多语言吸纳成了基础文字。基础文字所拥有的字母集都有质的差异，由此也可以衡量不同语言的发音结构之间存在何种差异，而基础文字便是被创造出来书写这些语言的。

西里尔文字会通过每个字母来再现咝音、塞音和硬腭音之间质的差异，但拉丁文字就缺少这样的诸多细小划分。出于历史文化原因，葡萄牙语是用拉丁文字来书写的，但这门语言的辅音系统却极其复杂，拉丁文字并不能完整地呈现它，或许用西里尔文字可以更精准地书写葡萄牙语，而捷克语字母则用变音符号弥补了拉丁字母无法细分元音长度和辅音强度的缺陷。

绝大部分字母文字中的字母在这一方面都是很随意的，只有标记出发音特征的朝鲜文字是一个例外。在字母外形和特定音值的对应性上，文化历史因素是具有决定性的影响力。从拉丁字母中的 s 就可以看出，字母和音素之间的传统关联是非常随意的。在德语中，字母 s 标记的是 [s][比如 Wasser（水）]、[z][比如 Reise（旅行）] 和 [ʃ][比如 Spalte（裂隙）] 的发音。而在波兰语中，除了简单的 s[代表（s）音] 字母之外，还会同时使用辅音组合 sz[比如 Warszawa（华沙）中的 [ʃ] 音]。在匈牙利书写法里也有这样的区分，不过它代表的发音却正好相反：s 代表 [ʃ] 音，而 sz 代表清音 [s]。

从苏联推行的语言政策所规定的文字书写措施就可以形象地看到不同字母书写法在标记具有不同发音结构的语言时存在的优缺点。在当时的语言政策指导下，苏联在若干年间便换了两种（局部三种）字母文字，这也证明，原则上没有任何文字是可以被用于任意语言的，而另一方面也可以看出，特定的文字类型会比其余文字更适合呈现某些语言中的音素，比如西里尔文字在用于书写具有复杂辅音体系的阿塞拜疆语时就具有很大的优势。拉丁字母需要用附加的变音符号来表示一些音素，而西里尔文字则能为此提供特殊的独立符号形式。

和西里尔文字相比，从 20 世纪 20 年代就占主导优势的拉丁文字所拥有的辅音字母要少许多。而在苏联国家的大部分语言（也就是欧亚大陆语言）中，最典型的特征便是其辅音系统要比南欧和中欧语言的音素体系更为复杂，因此，总体上来看，西里尔文字更适合用来书写欧亚大陆语言的发音结构。和拉丁字母相比，西里尔文字在这一点上是具有原则性优势的，但相对来说，尤其是当俄罗斯除俄语之外的语言在采用西里尔文字时，需要大量加入另外的变音符号，也正因此，西里尔字母的基本数量也因变音符号的加入而大大增多了。

大部分使用字母的语言都因其书写习惯而体现出了不同程度上不完整或不连贯的表音化过程，事实上，世界上没有任何一种书写语言能完美（也就是百分之百）实现音素和文字之间一一对应的关系。

而最接近这种完美对应关系的便是芬兰语。就质的差异来看，芬兰语的发音体系是相对较简单的，但它在元音体系和辅音体系上的数量关系却十分复杂，音素在质上的区别完全可以用特殊的独立字母来标记（总计24个字母），这些字母都符合一一对应的关系。此外还有两个带有 n 的字母组合(ng 和 nk)用来标记音素 [ŋ][比如 kuningas（国王），该组合的发音就是德语 Rang 中的后鼻音] 和 [ŋk][比如 henki（生活；呼吸），其发音等同于德语 Ranke 中的 nk 组合发音]。如果是一种完美的文字—音素对应关系，就需要用一种特殊符号来标记 n，而不是这种字母组合了。在这些特殊的独立字母中，只有三个是以外来词形式出现的（f、g、z）。在芬兰语单词中，[b] 和 [d] 只需出现在中间音内，而开头音中的这些浊辅音则只出现在外来词中 [比如 bussi（公交车）]。而且在书写时会统一标记出文字和发音之间的数量关系，是用一个字母来表现短音，用重复的两个字母来表现长音：rim（嫩芽）、riimu（韵脚）、mato（蠕虫）和 matto（地毯）。

如果要探讨文字该如何适应发音的策略，而且从该角度出发来具体分析某种文字体系会在何种程度上接近完整再现音素的理想状态，那么，我们就该考虑到，对文字体系提出的这种理论上的理想要求针对的不仅是单词发音时的线形音素顺序，同时也涉及语句发音在语音上的特殊性，比如声调特征等。以这种理想水平来衡量的话，每一种字母，包括芬兰文字，都只是一种折衷体系，是极度不完善的。另一方面，如果真的使用一种"完美"文字的话，则又是一件繁琐的事了。

八、现代语言政策中的字母文字

如今拉丁字母依旧是一种极其灵活的文字体系，通过加入另外的变音符号后，拉丁字母甚至可以用来书写像越南语这样以六种不同声调来区分语义的语言。

接受字母书写方式的过程也折射出了文化的相对性原则，而且在各地的书写体系中，文字的数量之间也存在着极大的差异，比如书写新西兰的毛利语只需要用到 13 个字母，由于该语言的发音体系简单，因此，文字的数量也相当有限。但书写亚美尼亚语时却至少需要38 个字母，因为这门语言的辅音体系极其复杂，最特别的便是数量众多的啮音和塞音。

但复杂的发音体系并不一定以大量的文字符号为书写前提，比如在书写爱尔兰语时就只需要较少的字母（18个），但这种语言本身却是由 60 个不同的音素构成的。文化相对性原则体现在爱尔兰文字的缀字法中，即主要通过基本字母的特殊组合而不是特殊字母来书写不同的音素。

在 20 世纪语言政策影响下的字母化改革中，最重要的手段便是在字母书写方式的基础上确定并修缮标准语言的规范，而且这一点直到如今依旧适用，文化政策的发展也使得世界上大部分地区都采用了字母文字。苏联和印度在 20 世纪试行了最大规模的文字改革，这也是最典型的两大示例。苏联地区的一大特征便是多元文化和多语言（有 120 多种语言），而印度的情况也与之类似，那里有超过 400 种不同的语言。

在苏联试行语言改革政策初期（也就是 20 世纪 20 年代），其文字改革的方向便是引入拉丁文。到了 20 世纪 30 年代，则开始转向西里尔文字，在苏联即将解体的时候，已经有超过 70 种语言是用西里尔文字书写的了。随着苏联的解体，一些民族实现了政权独立，随之便开始放弃用西里尔文字来书写本民族的语言，转而使用拉丁语体系，其中就包括摩尔多瓦、阿塞拜疆和哈萨克斯坦。

印度是一个文盲率极高的国家（按照 1998 年的统计数据，有 33% 的男性国民和 57% 的女性国民是文盲），当地通用的字母文字变体有 19 种，而用这些文字书写的当地语言则超过了 60 种。在这 60 多种语言中，有 13 种是官方语言，其中唯一用拉丁文来书写的就是英语，英语在印度也拥有官方语言的地位，而不再被人们认为是一种殖民语言。如今，英语已经在印度人心中扎根，而且还发展出了当地特征，印度英语最典型的特点便是受到了印地语的多重影响。几十年来，印度语言政策一贯推行的要务便是保护几十种书面语言（这当中有 67 种是教学语言），并发挥它在社会文化上的功能。

各大洲都在使用拉丁文字来书写不同的语言，即使是若干没有用拉丁字母来书写的重要语言（比如汉语、日语、阿拉伯语、俄语）也会使用拉丁字母的转写体系。非洲、亚洲、美洲和澳大利亚的语言政策制定者们都在试图用文字书写本地区的语言，而其中无论是过去还是现在，规模最大的便是非洲的拉丁化项目，该项目几十年来都在推行"非洲字母"。

这一项目的推广者是成立于 1926 年的非洲语言和文化国际协会（IIALC），后来，该协会改名为国际非洲协会（IAI），其主导的工作一直没有停下来。在该协会出版的《备忘录 I》（1927）中，研究者们尝试用拉丁文字书写了七种语言组成的篇章，而在 1930 年出版的第二期《备忘录》中，则用拉丁文写了 22 种非洲语言的文章。

以非洲字母为基础来书写非洲语言，这一做法和用拉丁字母来书写非洲语言是不同的，而且这种书写过程也因原来由德国学者制定出来的文字体系所包含的诸多变音符号而显得太过复杂。非洲字母的符号都是以国际语言协会提出的标音法为参考的。很多非洲文字体系并不需要另外的变音符号，比如在索马里，人们就会以重复书写两次的方式来标记长元音。但其他一些语言的发音结构却十分复杂，比如豪萨语就是一种以声调来区分语义的语言，因而，变音符号也是不可或缺的。

如今用拉丁字母来书写的非洲官方语言已经达到了几十种。加纳的埃维语和阿肯语，尼日利亚的埃菲克语，塞拉利昂的门德语，塞内加尔的富拉尼语和塞里尔语等都成功地使用了非洲字母来书写。而像约鲁巴语和伊博语等语言已经在拉丁文字的基础上发展出了特定的书写方式，这两种语言的文字改革一直持续到20世纪80年代。包括从古老的阿拉伯字母转换为拉丁字母来书写斯瓦希里语的过程也是相当漫长的，如今只有在一些和宗教事务相关的情形下才会偶尔用阿拉伯字母来书写斯瓦希里语，大部分时候人们使用的都是拉丁字母。

第六章

欧洲的 7000 年文字史

欧洲人最早使用文字书写技术的时间要比美索不达米亚早将近两千年，包括在许多其他方面，欧洲的文明的发展进程都要比近东地区快很多。当安纳托利亚的加泰土丘尚无人居住，而美索不达米亚的一些地区还是一片乡村景象时（也就是哈拉夫时代和早期的萨迈拉时代），欧洲就已经有了城市化的聚居区。同时，欧洲也要比美索不达米亚更早掌握不同的金属加工技术。世界上最古老的黄金源自公元前 4500 年左右，来自保加利亚附近瓦尔纳的一座墓地里。

欧洲在文明发展史上曾创造过很多最早的记录，这一观点不应被误解成是下意识的欧洲中心主义，尤其是文字史的发展更容易造成这种误会，因为美索不达米亚的文字书写技术得到了大范围的成功推广，而且欧洲地区受到了近东文明的极大影响，但这些都是后来才出现的一些文明交流现象（公元前 2000 年）。

当印欧游牧民族从南俄罗斯草原入侵古欧洲人的聚居区时，东南欧文字书写的自然发展进程被打断了。在多次的移民潮中，古欧洲人纷纷逃到了巴尔干半岛的西部和南部地区，多瑙河古文明渐渐地失去了其文化上的影响力，到了公元前 3200 年，其文字也消失了。短短几世纪之后，也就是公元前 3000 年中叶，巴尔干半岛的文化遗产得以复兴，而且是在克里特半岛和基克拉泽斯群岛上，这也是多瑙河平原的许多居民当年流亡的终点：这里出现了米诺斯线形文字（线形文字 A）的最古老遗迹。古克里特岛上的书写传统 —— 在人们发现多瑙河流域的文字遗迹之前，一度认为这才是欧洲最古老的文字 —— 在整个爱琴海地区、希腊本土和塞浦路斯的文明发展历程中都发挥了极大影响。包括在整个地中海地区，甚至在北非和伊比利亚半岛上，都能看到古爱琴海文字书写文明所带来的影响（见第五章）。

随着人们开始接纳闪米特字母文字及该文字的不断发展，文字书写技术在欧洲大地上开始获得真正的成功。

在古希腊罗马时代，欧洲大陆出现了无数种字母文字的变体，但其中两种因其巨大的影响力和地理范围而显得最为重要：希腊文字和拉丁文，这两种文字都对后来欧洲文明中的文字发展历史产生了关键影响。早在古希腊罗马时代后期，欧洲就被分成了两部分：拉丁语占主导的西欧和希腊语占主导的东欧。这种分裂不仅意味着不同语言和书写体系之间的对立，还意味着与该媒介密切相关的文化机制之间的对立，尽管这种对立并不是直接和语言有关。在欧洲西部，当时占主导地位的宗教是罗马天主教，而在欧洲东部的广大地区，从中世纪早期开始，占主导地位的宗教就一直是希腊东正教。

欧洲西部的书写文明在其发展进程中离不开古希腊罗马时期的拉丁语文献资料以及作为知识媒介的拉丁语。而在欧洲东部的文明中，各民族的语言很早就脱离了希腊语的影响。当东欧出现古教会斯拉夫语的宗教翻译文献时，西欧的罗曼语族还处在萌芽期。古马其顿语、古保加利亚语和古俄语彻底脱离了希腊语的影响，它们被用来书写本土文献资料。东欧地区并没有直接吸纳希腊文字，而是发展出了独立的字母，也就是格拉哥里字母和西里尔字母，从这一点也可以看出斯拉夫文明发展的独立性。

直到如今，东欧地区的文字发展历史要比西欧的更加复杂。从罗马帝国的统治时代开始，拉丁语就在西欧占据主导地位，其他地方文字都迅速被拉丁语取代了。而在同一时期，东欧的文字却发展出了多种体系，一开始使用希腊语时，人们使用的是拉丁文字（从罗马帝国在巴尔干地区设立行省开始）；从中世纪开始，通用的则是格拉哥里字母和西里尔字母。公元1000年左右，土耳其民族来到了高加索山麓地区，进入了南俄罗斯和乌克兰，在那里建立了自己的帝国，同时在伊斯兰教的影响下创造了当地的文字和文化，他们从一开始使用的就是早已发展成熟且流行了几百年的阿拉伯字母，这种文字类型也是19世纪书写少数突厥语族时参照的模板。直到20世纪20年代，在苏联语言政策的影响下，人们才废除用阿拉伯文字来书写突厥语族和高加索语系的做法，改用拉丁语来书写，几年之后，又改用了西里尔文。苏联解体之后，一些突厥民族实现了地区独立，于是便重新采用拉丁语的书写方式，比如阿塞拜疆人。

如今在欧洲通用的所有文字体系都不是独创文字，而是一些古老的独创文字的分支。在欧洲人使用当地文字体系来书写欧洲语言的同时 —— 比如在古欧洲或古克里特岛（克里特象形文字 —— 他们也引入了字母书写方式。在欧洲大陆的边缘地区后来也出现了独创文字，并且在一定时间内其地位和其他文字不相上下，比如爱尔兰的欧甘文字，高加索的亚美尼亚字母和格鲁吉亚字母，南斯拉夫人的格拉哥里字母，古匈牙利的塞凯伊字母和俄罗斯的欧洲东北部地区的科米人（科米－古齐良人）使用的阿布尔文字。这些地域化的文字都是在当地特殊的文化历史条件下被创造出来的。

古罗马拉丁世界曾对古凯尔特文明产生过影响，就在两种文明交汇之地产生了被称为欧甘文字的凯尔特独创文字（见第五章），其字母组织原则借鉴了拉丁语，但欧甘文字的符号本身却是由凯尔特人原创的。爱尔兰最古老的铭文源自前基督教时期（公元 3 世纪），当公元 5 世纪基督教在爱尔兰得到推广时，拉丁语也随之来到了这座岛上。在将近两百年间，爱尔兰的古爱尔兰语（盖尔语）都是用欧甘字母书写的，而拉丁语则是一种教学语言。到了 650 年，人们也开始用拉丁文字来书写爱尔兰语，而欧甘文字也由此走向没落。到了爱尔兰传教团时期——爱尔兰传教士来到了欧洲本土大陆，其目的便是教化那些日耳曼野蛮人——通用的就只有拉丁文字了。

当时欧洲北部盛行的是一种当地的文字，这种文字的书写形式也是在和罗马世界的交往中产生的，但在几百年间的发展过程中都没有受到拉丁语和拉丁文字的影响，它就是日耳曼的卢恩文。在卢恩文字体系中，按照日耳曼人流传下来的神秘传说，每一个文字都拥有神奇的含义，显然当时这种文字是巫师这样的精英分子才能掌握的神秘知识，因为在最古老的卢恩字母中——按照其开头的六个字母（F、U、TH、A、R、K）而被称为弗萨克字母——如今保留下来的只有不多于 220 份铭文。这些铭文源自公元 1 到 8 世纪，是以最古老的 24 个弗萨克字母写成的，而且具有一种神秘的宗教色彩。

到了公元 9 世纪—12 世纪，人们使用的是一种后期的卢恩字母，也就是只有 16 个字母的北欧后弗萨克文字。用后弗萨克字母写成的铭文有好几千份，仅在瑞典就发现了三千多份。这种文字分布广泛，用卢恩文书写的铭文不仅出现在北欧文明的核心地区，同时也出现在了维京人建立的无数贸易中心和移民区内，其范围西起格陵兰，东至俄罗斯，北至不列颠群岛，南到波斯尼亚。如今已知的最长卢恩文是在洛克（瑞典）的一块石碑上发现的，源自公元 9 世纪，其上有大约 750 个符号。直到公元 10 世纪，日耳曼的多神教地区还会使用卢恩字母，而在北欧传统书写文化的后期发展阶段，卢恩文还被用来撰写基督教的相关内容。

当人们开始用拉丁文字来书写古北欧语以及后来由此发展出来的各地北欧方言时，便出现了古日耳曼文明和新基督教生活方式并存的现象。在很多维京人家里，有些家庭成员遵循的是古老的生活习俗，而另一些人则过着基督教徒的生活。卢恩字母和拉丁文字之间的关系与其说是竞争对立，倒不如说是在功能上实现了交替互补，卢恩文主要被刻在木、石上，而拉丁文则主要被书写在羊皮纸上，后来也书写在纸上。直到16世纪时，古哥德兰语（哥德兰人民所说的语言）还是用卢恩文书写的。包括在随后的时代里，也有各种用卢恩文书写的日历记录流传了下来。

古匈牙利的塞凯伊字母（匈牙利语为 rovásírás）是迄今为止欧洲地区最神秘的文字之一，其符号形式和卢恩文字相似，但匈牙利的塞凯伊字母和日耳曼卢恩文字之间没有任何关联，虽然有人假设塞凯伊字母和西伯利亚的古土耳其卢恩文字之间可能存在文化历史上的关系，但直到现在，这种观点依旧充满了争议。几年前，在阿瓦尔的一座女性坟墓中发现了一个针线盒，上面的铭文是用塞凯伊文字书写的，说明阿瓦尔人曾在匈牙利人之前来到潘诺尼亚盆地定居。那么，是不是阿瓦尔人从中亚把西伯利亚的卢恩文带到了欧洲，然后又被匈牙利人掌握了该文字呢？据刻在木块上的铭文推测，公元9世纪到12世纪时，特兰西瓦尼亚地区的塞克勒人广泛使用的就是匈牙利的塞凯伊文字。

而另一种鲜为人知的独创文字则是古齐良字母，这是由来自彼尔姆的俄罗斯传教士斯蒂芬创造出来的用来书写齐良语（科米－齐良语，一种芬兰－乌戈尔语族的语言）的。在当时，俄罗斯的东正教会尚未开始向非俄罗斯民族传教，而斯蒂芬却从1373年开始直到其1395年去世时，都一直在欧洲东北部齐良人（科米人）的聚居区传教。1375年左右，他创造了这种文字，并称之为阿布尔文字，其一方面借鉴了希腊文和西里尔文，另一方面其符号同时也兼顾了当时齐良人文化环境中的视觉要素，也就是印记符号（所有权符号）。从功能上来看，这种符号就相当于字母，当然，符号早期所包含的内容（所有者的姓名）同后期字母意义之间的关系是非常随意的。

作为文字创造者，斯蒂芬成功地运用齐良人熟悉的文化符号让这些齐良人中的"新基督教徒"熟悉了新的书写技术。在斯蒂芬把基督教教义原文翻译成齐良语并向齐良人布道的过程中，阿布尔文字成了最关键的媒介。直到17世纪，还有人在使用阿布尔文字。斯蒂芬的传教行为及其创造文字的举措都是一种具有文化创造性的个人行为，和俄罗斯东正教没有任何关系，直到公元 15 世纪末期，俄罗斯人侵占齐良人的居住地并将之并入莫斯科公国之后，东正教会的影响才波及了该地区。

在欧洲地区充满异域色彩的文字体系中，除了欧甘文字、卢恩文、阿布尔文字等诸多古老的独创文字之外，还有犹太教使用的一种宗教文字，也就是方体希伯来文字。这种文字和希伯来语一样都是犹太教的宗教语言，通用于信奉犹太教的各个地区，在欧洲拥有悠久的历史，甚至要比阿拉伯文字更加古老。早在公元 1 世纪时，犹太商人就开始在欧洲各贸易中心定居了，如罗马、特里尔、科隆等城市。中世纪时期，伊比利亚半岛上的塞法迪犹太人和摩尔人统治者之间实现了和谐共处。1492 年，他们遭到了西班牙基督教徒的驱逐，在此之前，这些犹太人已经在摩尔人统治地区的商界和政界拥有了一席之地。在流亡中，大部分塞法迪犹太人都逃到了巴尔干各国，其中一部分则去了荷兰。

在高加索山麓地区，随着可萨人将犹太教奉为国教，希伯来语及希伯来书写文化也经历了一次繁盛期。早在公元 7 世纪，可萨各部族联盟就成立了一个可萨汗国，其政治中心就是萨克尔（后改名为伯拉雅维扎），可萨汗国最重要的贸易中心是位于伏尔加河入海口的伊铁尔，也就是后来的阿斯特拉罕。伊铁尔紧靠丝绸之路北线，是重要的货物中转地，从中亚和中国运到欧洲市场的货物都会在此转运。

可萨汗国的政治领袖们很快意识到了，其掌控的帝国正位于西部（拜占庭）和南部（格鲁吉亚、亚美尼亚）基督教统治区域以及东部（花剌子模国）伊斯兰统治区域接壤的政治权力枢纽处，为了和竞争对手的世界观相抗衡，可萨人开始信奉犹太教，一开始，犹太教被定为国教，随后慢慢在当地人民中间流行开来。犹太商人、拉比和学者被请到了可萨汗国，他们在当地推广了犹太生活方式和文化传统，来自拜占庭和波斯苏萨城的犹太移民也纷纷来到该地。

内部纷争削弱了可萨汗国的政权，公元 965 年，来自基辅的罗斯王公斯维雅托斯拉击溃了可萨汗国，于是犹太教在该国作为国教的历史也终结了。但在该国的个别地区，希伯来 – 犹太教文化依旧得到了保留，除了犹太人之外，有一个突厥民族，即卡拉伊姆人，也保留了这种生活方式。直到如今，高加索地区依旧生活着犹太人，他们中的很多人都是可萨汗国时期的犹太人后裔。从中世纪到 18 世纪，卡拉伊姆人一直居住在克里米亚半岛的山区，他们的居住区曾是可萨汗国政权的属地，也正是在当时，卡拉伊姆人接触到了作为国教的犹太教。很显然，这一传统信仰在卡拉伊姆人心中有着根深蒂固的影响，甚至在可萨汗国灭亡之后，他们依旧坚持着这种信仰。

公元 14 世纪末，一些卡拉伊姆人从克里米亚半岛移居到了立陶宛，他们的后代如今生活在特拉凯和帕涅韦日斯。公元 15 世纪上半叶记录的资料中曾提到，当时也有卡拉伊姆人生活在乌克兰的加利卡和卢克。直到 20 世纪，卡拉伊姆语依旧会用多种文字来书写，而其中最古老、最重要的便是希伯来字母文字。如今只有几百名卡拉伊姆人还会说母语，他们所知的犹太教和相关的文字书写文化也都是不完整的。

在中世纪后期到纳粹国家民族主义时代这一漫长的发展时期中，随着犹太教的发展，希伯来文字也在西部的塞法迪犹太人和后来的阿什肯纳兹犹太人当中得到了推广，成了欧洲文化史上的重要组成部分。从语言上来看，用希伯来文字书写的文学作品分支为希伯来语、西班牙语、意第绪语和卡拉伊姆语，其中希伯来语和意第绪语所占比例最大。在希特勒统治下，其追随者残忍地迫害犹太人，企图以此彻底消灭欧洲的犹太教文化，这些残暴行径在文明发展史上造成了严重的后果，但尽管如此，希伯来书写文化和依地语书写文化如今已经 —— 尽管和第二次世界大战之前相比只是在有限的范围内 —— 慢慢地再次复兴了。

20世纪50年代时，很多欧洲人认为，将来不可能会再出现二战时期种族清洗这样的暴力行径。事实也确实如此，在过去几十年间，欧洲经历了大规模的移民运动，尤其是西欧国家更是接纳了几百万的移民，其中包括来自东欧的移民和来自亚洲、非洲的外国移民。"新欧洲人"——这些都是从世界各地到欧洲寻求政治避难的人，他们在故土因遭到种族歧视、政治动荡和经济困难而无法过上有尊严的生活 —— 也把自己当地的文化带到了欧洲。而同时，其他大陆的许多语言也通过这种方式被带到了欧洲。

随着非欧洲语言（那些可以被书写下来的语言）一起来到欧洲的，还有其书写方式。在曾经的殖民时代，非洲和亚洲地区的一些语言共同体接受了拉丁文，而如今，他们带着拉丁文的各种变体回到了欧洲，比如越南语就是用拉丁字母和各种变音符号来书写的。而一些曾在欧洲广为流行的古老文字则遭到了排挤，随着移民回到了原地，比如阿拉伯文字。在法国的阿尔及利亚 – 阿拉伯移民和柏柏尔移民中，在意大利和比利时的摩洛哥移民中，包括在德国的伊朗、伊拉克和阿富汗移民中，阿拉伯文字都是其重要的文化组成部分。

前往英国的很多移民是来自印度、巴基斯坦、孟加拉国等前英国殖民地的。这些国家的文字书写历史悠久，这是众所周知的，而这些移民群体使用的印度文字体系也影响到了欧洲，英国的中小学如今会教授多种亚洲文字，也是因为受到了双语教学政策的影响，这一项目针对的就是说上述社区语言（community languages）的人。

在过去几年，欧洲地区使用的文字体系变得越发多种多样，在欧洲大陆上还从未像如今这样同时存在过这么多不同的文字类型，而几乎所有这些文字体系都是字母文字的变体，其中最富创造性的就是西欧和中欧的拉丁字母，以及东欧的西里尔字母。西里尔字母的影响范围如今已经大大地缩小了，现在只有在俄罗斯、白俄罗斯、乌克兰、保加利亚和南斯拉夫（塞尔维亚）西里尔文字占据着主导地位。在南斯拉夫的黑山和波斯尼亚－黑塞哥维那，西里尔文字和拉丁文字的地位不相上下。而数据化时代及其文字媒介也让拉丁文在包括东欧在内的地区广为流行起来。

第七章

回归到精英化的文字书写形式

　　在文字发展史上的很长一段时间内，只有精英团体才能掌握书写技术。在美索不达米亚和埃及，具有书写能力的都是拥有崇高地位的特权阶层人士，他们是知识的垄断者。在这样的文明中，文字都是由特定团体进行抄写的。古希腊罗马时期就是如此。当时垄断了文字书写技术的专家们要么就是职业抄写员（拉丁语scribus，即抄写员、识字之人），要么就是社会精英或政治精英阶层人士。即使是在东西罗马帝国分裂的时期，情况也依旧如此。确切地说，只要信息存储的主要来源仍旧是手写稿，就无法从根本上改变只有特定的精英人士和社会团体才会书写文字的现状。尽管人们可以根据手抄稿

143

来制作复本 —— 个别经典文本就是以这种方式得以多次复写的 —— 但这项工作的成本过高，因此，阅读和书写成了富人的特权。此外，手抄本的流传范围是有限的，大部分民众在文化生活中几乎无法接触到这样的手抄稿。

而印刷术的出现则为推广各类文本提供了技术前提，同时也激励了原本不会文字抄写技术的人们去主动获取信息。人们能接触到越多的印刷文本，他们就越觉得有必要学会掌握这种新媒介。在近代伊始，印刷术便提供了（几乎）无限复制文本的技术可能，也正因此，人们在文字书写的过程中开始越来越多地使用母语，同时也越发主动地想要学会掌握这种技术化了的信息流（也就是学会阅读）。文艺复兴时期秉持着不凡抱负的学术界同样为提升民众知识量做出了很大的贡献。

如果我们今天从现代信息技术的角度来定义"知识社会"这一概念的话，那么，我们可能就没能认识到，当今社会具有关键影响力的要素和 16 世纪近代伊始时是一样的：具有广泛影响力的全新信息技术正在不断地被推广。在 18 世纪启蒙运动时期，提升民众普遍教育水平和知识水平的诉求极大地推动了文字书写技术的发展。在建立面向普通大众的中小学的过程中，文字起到了关键作用，而拉丁字母则上升成为最通用的文字 ——

不仅是在欧洲，而是在全世界。

随着文字开始为数字化信息技术服务之后，从文化历史的角度来看，初级文字书写技术（将近 7000 年来，这种书写技术提升了越来越多民众的文字书写水平）和次级文字书写技术（自从 20 世纪 70 年代发明了具有打字功能的电脑之后，这种文字书写技术就成了拥有较高生活水平、已经掌握文字书写技能的阶层才能拥有的精英技术）之间是存在区别的。电子媒体的文字书写形式，也就是数字化书写形式，是通过一种全新的、前所未有的技术来拓展自身应用领域的。尽管戈特弗里德·威廉·冯·莱布尼兹（1646—1716）早就已经提出过制造一种能以数字形式——也就是通过组合 0 和 1 这两个数字——来加工信息的机器，但在电子信息时代之前，他的这一想法也只不过是乌托邦似的设想罢了。

从我们目前为止使用次级文字书写技术（用电脑来制作文本，电视上播送的文章，手机短信，电子邮件，互联网，即时通信应用程序）的经验可以看出，文字的使用量已经增大了很多倍。仅仅是在人机交流过程中，为了让他人看到传统媒体中的文字形式而产生的大量数字化信息，就已经让次级文字书写形式取代了初级文字书写形式的地位，但这并不意味着以传统文字载体的形式来书写文字的做法已经过时了。更确切地说，初级和次级文字书写形式之间是一种共生关系，两者都是我们日常生活中的一部分。

如果我们从减少文盲比例的角度来探讨文字书写文明未来的发展趋势，那么，我们如今正处在一种矛盾的发展进程之中。比较一下 16 世纪到 18 世纪的信息技术发展过程和如今网络社会的现状，我们就能发现一个关键性的区别：印刷术和普及中小学教育的举措提高了当时人们的文化水平，即提升了大部分民众的阅读和写字能力，但如今的数字化书写形式（尤其是互联网）却并不一定会提升民众的书写能力，而只能让那些原本就生活在传统书写文化环境中的人们能充分地利用这种专业的信息技术。

数字化的书写形式并没有减少文盲人数，而是把我们的社会分成了掌握着数字化信息流的社会阶层（也就是知识的垄断者）和受制于这些垄断者的普罗大众。拉丁文在次级书写形式的世界里占有主导地位，这也使得我们回到了文字技术服务于精英团体的这样一种发展阶段，而这些精英团体则会不断地维护自己对知识的垄断地位。在此过程中，相较于世界上其他的文字体系，拉丁文一枝独秀，成了真正的胜利者。

文献目录

1. Chadwick,J. (1990). *Linear B, Linear A, the Cypriot connection*, in: *Reading the past*, 137-195.

2. Daniels, P.T./Bright, W.(Hg.) (1996). *The world's writing systems*. New York/ Oxford.

3. DeFrancis, J.(1989). *Visible speech. The diverse oneness of writing systems*. Honolulu.

4. Dreyer, G. (1998). *Umm El-Qaab I. Das prädynastische Königsgrab U-j und seine frühen Schriftzeugnisse.* Mainz.

5. Faulmann, K. (1880). *Illustrierte Geschichte der Schrift.* Wien (Neudruck: Nordlingen 1989).

6. Gimbutas, M. (1991). *The civilization of the Goddess. The World of Old Europe.* San Francisco.

7. Green, M.W./ Nissen, H. J. (1987). *Zeichenliste der archaischen Texte aus Uruk.* Berlin.

8. Günther, H./ Ludwig, O. (Hg.)(1994). *Schrift und Schriftlichkeit. Ein interdisziplinäres Handbuch.* Berlin / New York.

9. Haarmann, H.(1992). *Universalgeschichte der Schrift.* Frankfurt / New York (2. Aufl.).

10. Haarmann, H. (1994). *Entstehung und Verbreitung von Alphabetschriften*, in: Günther / Ludwig 1994: 329-347.

11. Haarmann, H. (1995). *Early civilization and literacy in Europe. An inquiry into cultural continuity in the Mediterranean world.* Berlin / New York.

12. Haarmann, H. (1998). *Writing technology and the abstract mind*, in: *Semiotica* 122, 69-97.

13. Haarmann, H. (1999): *Schriftenentwicklung und Schriftgebrauch in Südosteuropa vor der Verbreitung des Alphabets*, in: Hinrichs 1999:185-209.

14. Haarmann, H. (2001). *Sprachtypologie und Schriftgeschichte*, in: Haspelmath et al. 2001: 163-180.

15. Haspelmath, M. et al. (Hg.)(2001). *Language typology and language universals / Sprachtypologie und sprachliche Universalien / La typologie des langues et les universaux linguistiques*, Bd.I. Berlin/ New York.

16. Healey, J.F. (1990). *The early alphabet*, in: *Reading the past* 1990: 197-257.

17. Hinrichs, U.(Hg.)(1999) *Handbuch der Südosteuropa-Linguistik*. Wiesbaden.

18. Keightley, D.N.(1985). *Sources of Shang history. The oracle-bone inscriptions of Bronze Age China.* Los Angeles / Londen.

19. Loprieno, A. (1995). *Ancient Egyptian-A linguistic introduction.* Cambridge / New York.

20. Maisels, C.K. (1999). *Early civiliyations of the Old World. The formative histories of Egypt, the Levant, Mesopotamia, India and China.* London / New York.

21. Marcus, J. (1992). *Mesoamerican writing systems. Propaganda, myth, and history in four ancient civilizations.* Princeton, New Jersey.

22. Miller, D.G.(1994). *Ancient scripts and phonological knowledge.* Amsterdam / Philadelphia.

23. Parpola, A. (1994).*Deciphering the Indus script.* Cambridge.

24. *Reading the past. Ancient writing from cuneiform to the alphabet* (introduced by J.T. Hooker). London 1990.

25. Rudgley, R.(1998).*Lost civilisations of the Stone Age.* London / Sydney.

26. Salomon, R.G. (1996).*Brahmi and Kharoshthi*, in: Daniels /Bright 1996: 373-383.

27. Schele, L./ Freidel, D.(1994). *Die unbekannte Welt der Maya. Das Geheimnis ihrer Kultur entschlüsselt.* Augsburg.

28. Schmandt-Besserat, D. (1996). *How writing came about.* Austin.

29. Stiebner, E.D./ Leonhard, W. (1985).*Bruckmann´s Handbuch der Schrift.* München (3. Aufl.).

30. Thomsen, M.-L.(1984). *The Sumerian language. An introduction to its history and grammatical structure.* Kopenhagen.

31. Walker, C.B.F. (1990). *Cuneiform*, in: *Reading the past* 1990: 15-73.

32. *Yémen-au pays de la reine de saba* (Ausstellungskatolog). Paris 1997.

语言文字名称中德文对照表

德文原文	中文译文
Abur (Komi-Syrjänisch)	阿布尔文字 （科米－齐良语）
Afrika-Alphabet	非洲字母
Ägyptische Hieroglyphen	埃及象形文字
Ägyptisches Demotisch	埃及通俗文字
Altchinesische Ideographie	古汉语的表意文字
Alteuropäisch	古欧洲文字
Althebräisch	古希伯来语
Altkretische Hieroglyphen	古克里特象形文字
Altkretische Linear	古克里特文明中的线形文字
Altsumerische Piktographie	古苏美尔象形文字

Anatolische Hieroglyphen	安纳托利亚象形文字
Arabisch	阿拉伯文字
Aramäisch	阿拉米文字
Armenisch	亚美尼亚语
Azteksch	阿兹特克文字
Brahmi	婆罗米文字
Byblos-Schrift	比布鲁斯文字
Chinesisch	汉语
Devanagari	天城体
Elamische Strichschrift	埃兰语线形文字
Etruskisch	伊特鲁里亚语
Futhark	弗萨克字母
Georgisch	格鲁吉亚文字
Glagolitisch	格拉哥里字母
Griechisches Alphabet	希腊字母
Gupta	吉普塔文字
Hangul (koreanisch)	（朝鲜语中的）训民正音
Hanja (Koreanisch)	（朝鲜语中的）汉字
Hieratisch	（埃及）僧侣文
Hiragana (Japanisch)	（日语中的）平假名
hPhags-pa (Mongolisch)	（蒙古）八思巴文字
Iberisch	伊比利亚文字

Ido (Koreanisch)	（朝鲜语）吏读文字
Indische Schriften	印度文字
Indus-Schriften	古印度河文字
Japanisch	日语
Kanji (Chinesisch in Japan)	日文汉字
Kharosthi	佉卢文
Katakana (Japanisch)	（日语中的）片假名
Keilschrift (Sumerisch)	苏美尔楔形文字
Keilschrift-Ableitungen	楔形文字的派生文字
Keilschriftalphabet, ugaritisches	乌加里特楔形文字字母
Khmer-Schrift	高棉文字
Koptisch	科普特文字
Kyprisch-Syllabisch	塞浦路斯音节文字
Kypro-Minoisch	塞浦路斯－米诺斯文字
Kyrillisch	西里尔文字
Lateinschrift	拉丁文
Levanto-Minoisch	莱万托－米诺斯语
Linear A	线形文字 A
Linear B	线形文字 B
Maya-Schrift	玛雅文字
Meroitisch	麦罗埃语
Nagari s	那格利文

Nom (Vietnamesisch)	（越南）喃字
Ogham	欧甘文字
Olmekische Logographie	奥尔梅克词符文字
Phönizisches Alphabet	腓尼基字母
Proto-Kanaanäisch	迦南语雏形
Quoc Ngu (Vietnamesisch)	（越南）国语字
Runen, altürkische	古土耳其卢恩文字
Runen, germanische (Futhark)	日耳曼的卢恩文 （弗萨克字母）
Sinai-Schrift	西奈文字
Symbolsteine	刻有符号的石块
Thai-Schrift	泰语
Ungarische Kerbschrift	古匈牙利的塞凯伊字母
Yi-Schrift	彝文

图书在版编目（CIP）数据

文字史／［德］哈拉尔德·哈尔曼著；励洁丹译．
—上海：上海三联书店，2021.3
（贝克知识丛书）
ISBN 978-7-5426-7301-5

Ⅰ.①文… Ⅱ.①哈… ②励… Ⅲ.①文字学－历史
－研究 Ⅳ.① H02

中国版本图书馆 CIP 数据核字（2020）第 261770 号

文字史

著　　者／［德］哈拉尔德·哈尔曼
译　　者／励洁丹
责任编辑／程　力
特约编辑／肖　瑶
装帧设计／鹏飞艺术
监　　制／姚　军
出版发行／上海三联书店
　　　　　（200030）中国上海市漕溪北路 331 号 A 座 6 楼
邮购电话／021-22895540
印　　刷／北京市天恒嘉业印刷有限公司
版　　次／2021 年 3 月第 1 版
印　　次／2021 年 3 月第 1 次印刷
开　　本／787×1092　1/32
字　　数／85 千字
印　　张／5.25

ISBN 978-7-5426-7301-5/H·101

定　价：39.80元

GESCHICHTE DER SCHRIFT by Harald Haarmann

© Verlag C.H.Beck oHG, München 2011

Simplified Chinese language copyright © 2021

by Phoenix-Power Culture Development Co., Ltd.

All rights reseved.

著作权合同登记号 图字：09—2018—671 号